U0755960

绿家园
Green Home of Fujian

主 编

林 英

总策划

邓佳瑜

执行主编

邓佳瑜

编委会

（以姓名笔画排序）

林 英 吴安心 刘 湘 葛 枫 祝文贺 张伯驹

刘金梅 邓梦璇 林燕梅

编写成员

（以姓名笔画排序）

李 畅 苏少华 兰谣成 胡环宇 郑晓茶 邓佳瑜 陈彩颖

校 对

（以姓名笔画排序）

李梦琦 徐建雄 张南燕 陈楚瑶

时代责任

——绿家园环境公益诉讼案例集

主编◎林 英

中国政法大学出版社

2020·北京

图书在版编目（CIP）数据

时代责任：绿家园环境公益诉讼案例集/林英主编. —北京：中国政法
大学出版社，2020.12

ISBN 978-7-5620-9779-2

Ⅰ.①时…　Ⅱ.①林…　Ⅲ.①环境保护法－行政诉讼－案例－中国
Ⅳ.①D925.305

中国版本图书馆CIP数据核字(2020)第241220号

出　版　者　中国政法大学出版社

地　　　址　北京市海淀区西土城路25号

邮寄地址　北京100088信箱8034分箱　邮编100088

网　　　址　http://www.cuplpress.com (网络实名：中国政法大学出版社)

电　　　话　010-58908289(编辑部) 58908334(邮购部)

承　　　印　固安华明印业有限公司

开　　　本　880mm×1230mm　1/32

印　　　张　8.75

字　　　数　170千字

版　　　次　2020年12月第1版

印　　　次　2020年12月第1次印刷

定　　　价　45.00元

2008年绿家园正式成立法务部，为遭受环境污染的弱势群体提供法律咨询服务。

2015年新《环境保护法》实施后的全国第一案——南平生态破坏案，南平市中级人民法院开庭现场。

2015年新《环境保护法》实施后的全国第一案——南平生态破坏案，林英主任（右一）、生态损害评估专家李振基教授（右二）、与央视记者（左二）、志愿者（左一）在生态损害现场。

绿家园林英主任与中国政法大学王灿发教授在第五届生态环境共治研讨会合影留念。

2015 年新《环境保护法》实施后的全国第一案——南平生态破坏案，新闻发布会现场环境公益伙伴合影。

绿家园法律团队在中国政法大学环境资源法研究和服务中心公益律师的现场指导和帮助下，联合举办了多期环境法律门诊，为福建地区环境守护者及受到环境污染的弱势群体提供环境法律咨询。

2018 年福州第一案——创世纪林地生态破坏案在福州市中级人民法院调解结案。

2018 年 1 月，福州第一案——创世纪林地生态破坏案，生态修复工程设计评估专家评审会在福建省林业勘察设计院举办，为环境公益诉讼后续案件执行和生态修复给予专家评审意见。

2019 年 5 月，福州第一案——创世纪林地生态破坏案，专家团队前往连江丹阳镇查看环境公益诉讼生态修复、异地补种及植被养护情况。

2018 年 6 月，绿家园和自然之友携手 9 省 15 市的环保社会组织和环境公益律师成立中华环境法治促进行动网络华南区域中心。

2018 年 6 月，绿家园法务团队与复旦大学刘瀚斌博士为湖北水污染案向武汉海事法院递交生态损害评估报告。

为促进经济发展与环境保护协调融合，探索绿色生态发展新路径，加快完善生态文明制度体系，共同守护蓝天、碧水、净土，2018 年 12 月 1 日第四届生态环境共治研讨会以"聚焦生态责任 共建治理格局"为主题，在福州召开。该研讨会从 2015 年起，每年邀请学术界、实务界、司法部门、政府职能部门、社会组织、企业、金融机构到场，共同对话环境责任，至 2019 年已连续举办五届。

目 录

序 言 I

为当代和后代人享有优良环境担负起时代责任
——《时代责任——绿家园环境公益诉讼案例集》序

去年十月，就收到福建省绿家园环境友好中心小邓的微信，邀请我为他们编写的案例集作个序。作为 20 年来一直致力于推动环境公益诉讼的环境法学者，应该是责无旁贷的，然而，由于手头事情太多，一直拖到今年二月尚未交稿，使得小邓不得不再次通过微信催促我。正好，因新冠肺炎疫情关在家里，可以静下心来完成这个任务了。

福建省绿家园环境友好中心虽然是一个远在祖国东南部省份的环保社会组织，但其活跃度和影响力在全国的草根环保社会组织中却名列前茅。不仅连续 5 年举办了具有广泛影响的"生态环境共治研讨会"，而且还积极推动和参与环境公益诉讼。从与自然之友共同提起新《环境保护法》生效后的第一起环境公益诉讼开始，5 年中已经提起了 16 起环境公益诉讼，其中 12 起已经结案。这对于一个地方草根环保社会组织来说，确实是难能可贵的。他们把其中的 6 个环境公益诉讼案件加以整理编辑后出版，供社会各界参阅、研究，无疑又是一件了不起的工作。

这本案例集中的6个环境公益诉讼案件，有生态破坏的，也有环境污染的，还有要求金融机构承担连带责任的；最后解决的方式，有的通过判决，有的通过调解；有本省的案件，也有外省的案件。这些案件基本上代表了由社会组织提起环境公益诉讼的主要类型和解决方式，具有一定的典型性和代表性，特别是要求金融机构承担环境污染损害的连带责任，可以说是一个开创性的案例。

这本案例集很有特色的一点是，资料的系统性和全面性。每个案例，除了有简单的点评外，还会把整个案件原原本本地展现在读者面前，包括案件的发现过程、调查过程、起诉过程、证据的目录、案件审理过程、起诉状和判决书的复印件、媒体的报道、律师的办案笔记，等等。能够这样整理案例的，非常少见。这种对案件全面完整的展现，可以让其他环保社会组织学习了解一个环境公益诉讼案件的全过程，有利于其提高办案水平。同时，也为环境法的研究者提供了难得的研究素材，有利于环境公益诉讼研究的深入。因此，这本案例集将成为环保社会组织的法务人员、环境公益律师、环境公益诉讼的司法人员、环境法的研究人员不可多得的参考书。

福建省绿家园环境友好中心不仅排除万难提起公益诉讼，而且还能够将诉讼案件整理、编辑出版，以期推动环境公益诉讼的进一步发展和环境公益诉讼制度的进一步完善，这充分反映了他们作为志愿者的使命感和责任感。作为草根环保组织，现在面临着各种发展的瓶颈和困难，如果没有时代担当、没有无私奉献精神，是很难把这种公益事业坚持下去的。我非常欣喜地看到，在我们这个社会，确实有那么一批人，为了当代人和后代人能够享有优良的环境，甘于奉献，勇当环境卫士，他们也是时代最可敬的人。福建省绿家园环境友好中心的志愿者无疑就是时代责任的担当者，我向他们致敬，也希望他们在环境公益诉讼的道路上取得更大成绩！

王灿发*

2020 年 2 月 12 日午夜

于北京蓟门书屋

---

* 中国政法大学教授、博士生导师。

序 言 Ⅱ

推动一个环境公益诉讼案件有所成就，其背后的艰辛和困难，是公众不容易看到的。

五年前，我和自然之友葛枫老师在电话里沟通南平生态破坏案，当下便一拍即合，脑海中没有想有多难、是不是能做，就觉得要做，必须要做，环保社会组织应该要有这个时代的责任担当，应该要在新《环境保护法》实施后作出全国第一案的发声。我们没有理由退缩，更没有权力噤声，赋予了我们诉讼主体的资格我们必须在这历史性时刻去开启先河、去创造奇迹，这是环保社会组织存在的意义，也是我作为一名媒体人的职责敏感性。而面对没有法务专职人员，也没有任何经费的现实挑战，只能硬着头皮，扛着干。

2015 年的 1 月 1 日，我接到南平市中级人民法院的立案通知，当时的心情难以用言语准确描述，激动、高兴、泪水满面……因为这意味着环保社会组织参与我国环境保护终于有了司法保障，这份书面上的资格，正式落地了。在未来，中国的环保公益组织推进环境保护工作有了一个新的重要途径。我立刻拍照，通过微信转发给远在北京的葛枫老师，微信群里一下子炸开了锅，大家的兴奋之情难以言表。

兴奋的背后，是来自于提起诉讼之前的不易经历。因为案件的缘故，已记不清来回跑了多少趟南平，2014 年至

2015年上旬时，福州和南平之间尚未开通动车，每一次都需要乘坐3个多小时的大巴前往。每次和司法部门约定时间后，行程就是固定的一条线——清晨一早出发，中午抵达，等待司法部门下午上班，见面处理事宜后，再赶回福州。

在沟通支持起诉单位的过程中，记得有一次和南平市人民检察院生态处时任处长吴建明预约了见面时间，希望争取他们作为支持起诉单位。当时怕途中耽误，空着肚子赶到南平，结果部门临时有事，更改见面时间又将耗费人力物力，便选择在人民检察院办公楼的公路旁，等了几个小时。在我登门拜访介绍了自己的身份和来意后，吴处长热情接待，泡了杯香气浓郁的武夷岩茶，我又饿又渴，便一杯接着一杯地大口喝起来，现在想想甚是失态。吴处长询问我案件起诉的目的和意义，赔偿经费怎么安排？用在哪里？我回答："所有补偿生态服务功能损失的费用原告不会介入，由法院判决指定账户。原告的诉求和目的，就是让环境得以治理，生态环境得到修复。但绿家园和自然之友有权监督这笔资金的是否用在了环境的修复上。"吴处长第一次接触我们这个领域，认为我们的工作非常有意义，表示尊重。而后在向院领导汇报后，南平市人民检察院作为了支持起诉单位。那日，等到处理完事项已是傍晚，为了节省费用不住宿过夜，只能选择"拼黑车"回福州。黑车怕被交通部门抓到，都是停在小巷内的地下停车场，有专门的人在地面上拉客，有时候要等3~4个小时，才能拼满一车出发。巷子两边的路边摊有拌面、汤圆、烤蛋糕，等着饿了的时候，就去买一些充饥。凌晨两三点才能到福州，伙伴们都替我捏把冷汗，让我不要深夜赶路。但我相信人有善愿天地佑之，恶人也不会去伤害一个为公共利益奔波劳累的老妇人。"星光不问赶路人，岁月不负有心者"，每每回想起那段经历，大抵是心里仰不愧天，俯不怍地的立身之本支撑着。

除了南平市人民检察院作为了支持起诉单位，中国政法大学污染受害者环境法律帮助中心主任王灿发教授也对案件给予了大力支持，中心作为支持起诉单位。还有厦门大学李振基教授为案件提供了无偿鉴定，解决了生态破坏中最重要的损失鉴定难的问题。南平市中级人民法院对"第一案"也高度重视，甘代兴庭长是个正义凛然的法官，他知晓生态司法在保护环境中的重要意义，非常谨慎。在各界的支持下才成就了如今的"第一案"。

2017年7月23—25日，冒着难忍的酷暑早出晚归，头顶40多度的烈日，绿家园法务团队在太湖渠进行全方位调查取证，无人机拍摄、排污口GPS定位、事实摄影记录……走访过程中，看到的是长年累月遭到畜牧养殖业粪便污染侵害的太湖渠——水面呈咖啡色的糊状，臭气难闻，蝇虫四飞。原本作为泄洪与农业灌溉的功能水体，如今被利益者污染糟蹋至如此地步，成了污染者的天然化粪池，让人非常心痛。沿渠两岸是一望无际的平原，种植着花生、玉米、地瓜、小麦、稻谷的农田接连一片又一片，当地的老百姓辛勤耕种，但不知道在这样的土壤中生产出来的食品是否安全，也更不知道长时间生活在被猪粪包围的环境中，是否会影响他们和家人的身体健康。针对调研到的事实，我们提起了太湖渠 7 个案件的系列环境公益诉讼。

2018 年 5 月 10 日晚上 8 点 10 分我的父亲往生，12 日我正在大哥家主持丧事，接到了吴律师的电话，告知武汉海事法院通知要我们一同到实地调查取证，确定证据等相关事宜。父亲逝世尸骨未寒，我作为女儿怎么能离开，我回答吴律师说我能不去吗？全权委托您完成。此刻我的心情是难以忍受的悲伤，吴律师说必须要你本人来，此案为 7 个系列案件，较为特殊。12 日下午，我便启程返回福州准备 13 日前往湖北襄阳，参加由武汉海事法院环境资源审判庭组织的原被告双方座谈协调会议。此时此刻深感古人所云：自古忠孝两难全。中国传统作为子女三年守孝，我三天也未做到，愧疚至极，心里只能祈求，请父亲他老人家原谅不孝的女儿是在为伟大的地球母亲代言，故此不得不前往，祈愿父亲在极乐净土护佑地球无灾难，一切生命得以平安自在。

该系列案件，也是武汉海事法院环境民事公益诉讼第一案，裴缤副院长非常重视，亲自主审。法院组织双方调解时，案件发生地的朱集镇镇委书记、镇人民政府镇长分别来与我说绿家园帮助镇里解决了污染排放的难题，否则，每年朱集镇发洪水时，太湖渠内畜牧养殖场的粪便便会被洪水冲刷到农田菜地中并淹没庄稼，甚至导致丰收的农作物毁于一旦。农作物被破坏后，农民全都到镇人民政府吵闹要求赔偿，搞得他们非常头疼，绿家园帮助他们解决了环境问题，表示非常感谢。这些都是推进环境公益诉讼过程中难以向公众展示的一面。

在推进环境公益诉讼案件发展的过程中，我深刻地感受到环境问题的解决需要各界的共同努力，环境共治的局面需要推动各主体认识到自己的责任并愿意携手对话。所以，结合中国环境民事公益诉讼的蓬勃发展及新《环境保护法》的起步，2015年底绿家园与中国环境科学学会环境法学分会、福州大学法学院、福建师范大学福清分校、北京自然之友公益基金会共同发起了"生态环境共治研讨会"，首次实现由民间环保公益组织搭建平台，每年邀请省人大及省政协等立法系统、法院及检察院等司法系统、环保行政职能部门、高等院校、学术团体、行业协会、新闻媒体和公益伙伴到席参与的环境共同治理对策研讨会，该会议已连续举办五届。大师级的专家学者齐聚首个国家生态文明试验区（福建），在多元共治研讨会上建言献策，为公众开启了一个绿色共享、环境共治的平台，这也是在现代环境治理体系下，里程碑式的一刻。

愿此案例集真实的记录，能为环境公益伙伴及研究学者们提供借鉴和参考。期待在未来，在逐步推进的绿色司法的过程中，能看到更多生态环境保护的主体参与进来，每个环境法治的责任主体都能归其位、尽其责，实现环境的多元共治。愿我们留给子孙后代一个清洁的家园，一片生存的净土，实现美丽的绿色中国梦。

林　英

福建省绿家园环境友好中心主任

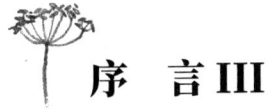

序　言 III

读《时代责任——绿家园环境公益诉讼案例集》有感

　　福建省绿家园环境友好中心连续举办了五届具有广泛影响的"生态环境共治研讨会"，还积极推动和参与环境公益诉讼，为我国生态文明建设做出了积极贡献，其影响力在全国的环境NGO中名列前茅。我对该中心的志愿者深表敬佩！故其优秀代表邓佳瑜约我写书评时，欣然应诺。

　　翻阅《时代责任——绿家园环境公益诉讼案例集》书稿，为其较完整、原汁原味地展示案件材料，包括案件的发现过程、调查过程、起诉过程、审理过程、证据目录、诉讼文书、律师笔记、媒体报道等的编排体例，感到惊喜。惊讶于罕见，自毋庸赘言；欣喜于有益，则需稍作解释。作为法律学人，吾每每为法律事件传播的准确性感到忧虑，法学博大精深，其中的"精"即精细，换言之，诉讼案件中一个细小的情节或者证据不同，审理结果就可能完全相异。因此，要准确地传达法律事件，实属不易。民众误解、法律人误读法律事件都会时常发生。可见，该书较完整、原汁原味地展示案件材料是大大有益的。具体地说，它让人们较全面、准确地了解案件实情，从而便于环境公益诉讼的践行者学习实务经验，便于法律学人切合现实地进行学术研究。

在建设生态文明的新时代，环境民事公益诉讼正在我国如火如荼地开展。可是，什么是环境公益？环境民事公益诉讼的标的是什么？原告的诉权基础是什么？环境民事公益诉讼与生态环境损害赔偿诉讼是什么关系？等等，这些法理问题，认识尚未统一，立法更未明了。因此可以说，目前我国的环境民事公益诉讼实践的理论指导和立法引领都是不足的。这就涉及一个古老而又重大的问题：理论与实践的关系该怎么处理？在极速变化的当代，否定社会科学（含法学）理性的有之，唯实用论（即只要能解决实际问题，法理在所不问）的有之，于是实践（含立法、司法、执法等）甩开法理"创新"的现象时有发生。对此现实，我的基本观点是：以"否定理性"和"解构"为要旨的所谓后现代主义哲学思潮并不能应对当今世界之时代问题，而十分"理性"的辩证唯物主义哲学对当代仍具解析力，是应当坚持的方法论；进而应当认识到"法理"即在哲学方法论指导下揭示的法律现象规律，而不是所谓的"法学方法论"；在解决现实问题时，应在遵循法理（尽管其本身也在发展变化中）的前提下进行价值衡量，从而寻找到符合法理的解决问题之道。阳明曰："知之真切笃实处即是行，行之明觉精察处即是知"。愿"实践者秉持法理，研究者问切现实"蔚然成风，法理、法律、实践融会贯通，奏响生态文明的和谐之音。

邹　雄

福州大学法学院教授、博士生导师

序 言 IV

今年年初，我收到佳瑜的一封邮件，她希望组织撰写一本绿家园环境公益诉讼案例集。作为她的同行和朋友，我感到很兴奋，因为这样的想法正当其时。

随着 2015 年新《环境保护法》正式颁布实施，环境公益诉讼逐渐成为中国环境保护进程中不可或缺的一环，也得到了生态环境、司法、社会治理等多个领域人士的关注。然而，虽然环境公益诉讼制度施行至今，各地社会组织和检察院发起的案件已达数千起，社会公众对于环境公益诉讼的认知仍相当有限。因此，如何在专业基础上向更多人讲好公益诉讼故事，是当前紧迫且重要的社会需求。

福建绿家园是中国最活跃的环境公益组织之一，成立二十多年来，他们一直扎根生态环境保护一线，用行动提升公众环保的专业性，用法律捍卫环境底线。几年来，福建绿家园以原告身份发起了十余起环境公益诉讼，这些诉讼有些依托于他们坚持多年的一线环境调查基础，也包括在畜禽养殖污染领域的持续追踪，还有在绿色金融司法实践中取得的创新成果。他们不仅守护着福建的城乡山川，而且也在为中国环境法治事业持续添砖加瓦。

本书呈现的六个案例，正是福建绿家园环保法律行动的代表作。我们能从中看到被媒体广为报道的新《环境保护法》

公益诉讼第一案——"南平生态破坏案"背后不为人知的努力和故事,也能了解具有突破性质的绿色金融第一案——"襄大农牧案"审理过程中的一波三折;既可以感受到每起案件关联的生态环境真实境遇,也可以窥见社会组织提起公益诉讼的策略选择。虽然案例不多,但每一个都能给读者带来强烈的现场感和扎实的事实材料。

邓佳瑜作为福建绿家园的年轻一辈行动者,担当起推动本书编写的责任,在各路志愿者和专业人士的齐心协力下,这本书从最初的想法成为如今的现实。这个颇为不易的过程也体现了佳瑜身上的几个特点:专注、热爱、乐于学习、富有韧性。她和福建绿家园的法律团队正在这条少有人走的路上不断探索前行,未来可期。

北美环境法学者奥利弗·A. 霍克(Oliver A. Houck)曾出版过一本名为《重夺伊甸园》(*Taking Back Eden*)的环境诉讼案例集,用一个个鲜活且深刻的真实案件故事,向人们展示各国环境法律工作者如何用诉讼改变世界,也全面树立了每一起官司背后的社会经济和生态环境要素,兼具学术价值和公众影响力。

希望这本案例集也能让更多人看到环境法治进程中真实的挑战和行动的价值。

是为序。

张伯驹

自然之友总干事

第一案 守护闽江源

——福建南平生态破坏案

兰谣成（编写）

案例评述

　　《中华人民共和国环境保护法》于 1979 年试行、1989 年正式实施、2012—2014 年修改，全国人大历经 3 年、4 次审议，可谓精打细磨，修改后的《中华人民共和国环境保护法》被称为"新《环境保护法》"。称其为"新"，是因为此次的修改比较全面地回应了新历史时期所面临的严峻的环境问题，并且体现了环境多元治理的理念。新《环境保护法》中规定的"信息公开和公众参与"专章即是重要的突破，而其中"环境公益诉讼"更是具有创新意义的制度。2015 年 1 月 1 日，新《环境保护法》实施的第一天，符合该法第 58 条规定条件的环境保护社会组织——自然之友和福建绿家园就针对该案依法提起诉讼，成为践行新《环境保护法》实施的第一步，开启社会组织参与环境治理的春天。该案被评为典型案例，具有很好的示范价值，为社会组织参与环境公益诉讼打下了扎实的基础。从此以后，环境公益诉讼逐渐成为环保组织推进生态环境保护工作的重要路径。

　　　　　　　　　　　　　　　　——葛枫　自然之友顾问

壹

为了利益，山林受伤

其实，这一切都是有征兆的。

2005年5月18日，李某忙碌了起来，从这天开始，他将着手做一件"令人羡慕"的事情，在外人看来一个极其赚钱的行当——采矿。对李某来说，经过漫长的等待终于等来了政府的审批，这天他申请已久的采矿许可证终于得到政府许可。"有效期自2005年4月至2008年8月，矿区面积0.0039平方公里，饰面花岗岩，开采深度282米至252米标高"——这是采矿许可证上记载的数字，代表着李某的权利范围。

李某，福建福州人，在南平市延平区拥有一家个体工商户，取名"恒兴石材厂"，李某正是以这家石材厂申请的采矿许可证。取得采矿许可证后，李某便在葫芦山脖子上开了个"口子"，作为采矿塘口位置，搭建采矿平台、开采饰面花岗岩，并将之销往各地。看着从矿区切割出来的一块块优质花岗岩，李某心中暗喜。机器夜以继日持续开采，在山体上凿下一道道伤痕及刀疤，从上往下俯瞰，犹如隐藏在碧绿森林中的黑洞，这也是李某创造财富的口袋。

时间越久，口袋越大，黑洞越深，以至于采矿许可证有效期尚未届满，许可证范围内的花岗岩储量已经无法满足开采需求。如何继续开采，成了一个难题。不久，李某想到了重新办理采矿许可证、加高采矿标高范围的办法。2008年6月3日，李某如愿以偿，一张新的采矿许可证成为李某新的"名片"。有效期自2008年6月至2008年8月，开采深度变为520米至483米标高，其余与旧采矿许可证一致。这对李某来说是一次新的机会，虽然新证有效期只有两个月，但到期之后如何继续开采，李某心中也早已有了数。

"只要我能谋利，哪管得了你千疮百孔。"

2008年7月29日，在采矿许可证即将到期之时，李某将矿区转让给谢某、倪某、郑某，这就是李某想的办法。此后，经过地形分析、产量测算、质量分析，谢某、倪某、郑某决定改变李某原有塘口位置，从山顶"开刀"，山顶的山皮被一块块卸下、优质花岗岩被一块块切出，从山顶运往山下。谢某、倪某、郑某还在矿山塘口下方兴建砖混结构的工棚用于矿山工人居住，便于开采。虽然未取得占用林地许可证和采矿许可证，但谢某、倪某、郑某心中也有底，他们认为自己属于政府"招商引资"项目，地方政府有"优惠政策"，允许并鼓励他们"边开采、边审批"，更何况他们还处于积极办证的过程中。

2011 年 6 月，谢某、倪某、郑某还雇用了挖掘机，将挖掘机开上了葫芦山山顶，在矿山边坡处开路和扩大矿山塘口面积，一路畅通，无人能挡。而剥下的山皮和采矿产生的弃石已没了利用价值，直接倾倒或丢弃于山下，不作其他处理，这被"公认"是可行的办法。日积月累，葫芦山半山腰已遍布弃石堆，原有林地已因弃石堆放、挤压、人为砍伐等因素遭受严重毁坏，植被被连根铲除，地表土层裸露，露出"森森白骨"。经鉴定，福建南平葫芦山因违法开矿导致林地被毁坏面积合计 28.33 亩，严重影响和改变了周边及山下动植物的生存环境，导致生态功能脆弱或丧失。

葫芦山山顶开采出来的花岗岩，与周围郁郁葱葱的山林形成鲜明对比。

只要有利可图，就值得铤而走险，哪管得了自然是不是千疮百孔，这是他们逐利的信条。但自然生态不是逐利的工具，在法律边缘试探，终将受到法律的惩罚。2014年7月28日，谢某、倪某、郑某因犯非法占用农用地罪被南平市延平区人民法院分别判处有期徒刑一年六个月、一年四个月、一年二个月，后经南平市中级人民法院二审维持，判决生效。

2014年12月4日，北京市朝阳区自然之友环境研究所（以下简称"自然之友"）、福建省绿家园环境友好中心（以下简称"福建绿家园"或"绿家园"）在得到谢某、倪某、郑某等在福建南平葫芦山山顶违法开矿并对周围林地及生态环境造成严重破坏的线索后，即赶赴南平葫芦山生态破坏现场，进行第一次实地调研及生态损害调查。

2014年12月，自然之友与福建绿家园及案件代理律师们在案件现场走访。

葫芦山生态破坏之所以受到自然之友及福建绿家园的关注，与他们的宗旨有关——"建设公众参与环境保护的平台，让环境保护的意识深入人心并转化成自觉的行动""让更多当地人参与家乡生态环境保护，推动政府和企业做出改变，减少污染对环境和人的伤害"。这是自然之友、福建绿家园践行的基本价值观，也是推动他们走在环保公益路上的动力所在和精神支撑。自然之友、福建绿家园希望通过提起环境公益诉讼的方式唤醒人们的环保意识，并身体力行参与环境保护，与大自然为友并切实尊重自然万物的生命权利。

自然之友顾问葛枫在接受《新法制报》采访时介绍，在碰到环境生态破坏的案子后首先会和当地的环保志愿者一起通过调研、信息公开申请等途径了解信息，核实后会举报到负有相应职责的行政部门。南平葫芦山生态环境遭受破坏案件中，自然之友、福建绿家园在进行生态损害调查以及多方走访，了解相关信息后，便积极寻求南平市人民检察院及相关政府部门、社会组织的支持，最终决定提起环境民事公益诉讼。

贰

受伤的山林在哭泣

南平市延平区太平镇地处福建中北部，延平区东南部，属亚热带季风气候，年平均气温 19.8℃，气候宜人。主要河流太平溪源出大峰山注入闽江，闽江流经葫芦山、儒罗、岳溪、九潭等村，水域资源丰富。全镇有林地面积 18.72 万亩，居全区第 2 位，森林覆盖率 73.4%，林木总蓄积量 89 万立方米，年供商品材 1 万立方米以上，毛竹 2.1 万余亩，年可供商品竹 3 万根，为福建省确定的集体林权制度改革示范点，有"南平绿色银库"之美誉。沿江两岸，人们依山而建，沿江而居，依靠天然的地理优势和气候条件，形成错综复杂而富有特色的村落，人们在此种稻养鱼，拓荒养林，生息不绝，享受着自然最原始的馈赠，代代年年。对于太平镇葫芦山村的村民们来说尤为如此。

葫芦山村，地处南平市东南，闽江北岸，村辖范围有森林面积 38 947 亩，木材蓄积量 34.6 万立方米，花岗岩及高岭土等矿产资源储量丰富。葫芦山系葫芦山村高峰之一，拥有得天独厚的地形地势及气候环境条件，植被主要以针叶林和阔叶林为主，林木及矿产资源丰富。山下的村民们并不知该山的具体年纪和来历，他们记得的是葫芦山曾对他们的哺育。当然，村民们也无法计算从该山中撷取的资源数量，花鸟草虫木石等不一而足，都是村民们原始的物质来源。此外，葫芦山也对葫芦山村周边水源涵养和水土保持、环境污染防治、气候调节以及野生动植物保护等起着极其重要的作用，是自然生态系统中不可或缺的重要组成部分。村民们原本以为葫芦山会一直不受打扰地守护着这一方水土，但现在看来村民们还是失算了。

为了掠取葫芦山中丰富的矿产资源，谢某、倪某、郑某、李某等不顾葫芦山生态环境的破坏，硬生生地在葫芦山山顶掀开一个"豁口"，拨山皮、拔林木、铲土壤、占地采矿、乱丢乱弃等违法行为在他们看来是再正常不过的事情，利益之下无环境保护之言。倘若对葫芦山环境破坏行为采取放任态度，对谢某、倪某、郑某、李某等环境破坏行为不闻不顾，葫芦山生态系统的平衡必将遭受破坏。短期而言，将导致森林资源总量减少，影响木材和林副产品的供应，加剧供需矛盾。长此以往，将使有"绿色水库"之称的森林生态系统无法充分发挥作用，导致水土流失、河库淤塞、旱涝、泥石流等灾害，环境质量下降；森林保护环境、净化空气、吸毒消尘的作用也将被削弱或消失；动植物资源亦将减少甚至灭绝，这绝不是我们所希望看到的场面和情景。

人与自然和谐相处是时代发展的必然趋势，也是功在千秋之业，对生态环境的保护亦是对人类自身发展的奠基和保护。若逐一时之利，而将森林资源的保护抛在脑后，必将反受自然的惩罚，桎梏人类自身的发展。保护自然环境是时代的要求，也应是人类对自身的要求，葫芦山生态环境的破坏不是个例，但我们希望它是。

案件起诉过程材料呈现

为更清晰、直观地还原案件事实，呈现案件办理过程，现将南平生态破坏公益诉讼案件的《民事起诉状》及《证据和诉讼材料目录》摘列如下，以兹了解及阅读。

民事起诉状

原告：北京市朝阳区自然之友环境研究所，住所地略。

法定代表人：张某某，副总干事。

原告：福建省绿家园环境友好中心，住所地略。

法定代表人：邓某某，副理事长。

支持起诉人：福建省南平市人民检察院，住所地略。

法定代表人：王某某，检察长。

支持起诉人：中国政法大学环境资源法研究和服务中心（又称中国政法大学污染受害者法律帮助中心），住所地略。

代表人：王某某，主任。

被告：谢某，其他信息略。

被告：倪某，其他信息略。

被告：郑某，其他信息略。

被告：李某，其他信息略。

第三人：南平市国土资源局延平分局，住所地略。

法定代表人：黄某，局长。

第三人：南平市延平区林业局，住所地略。

法定代表人：王某某，局长。

诉讼请求：

1. 判令四被告在三个月内清除南平市延平区葫芦山砂基洋恒兴石材厂矿山采石处现存工棚、机械设备、石料和弃石，恢复被破坏的 28.33 亩林地植被（山顶 19.44 亩、原塘口 8.89 亩）。

2. 四被告不能按第一项请求三个月内恢复林地植被的，赔偿生态环境修复费用 110.19 万元，由第三人用该款组织恢复林地植被。

3. 判令四被告赔偿生态环境受到损害至恢复原状期间服务功能损失 134 万元。

4. 判令四被告承担诉讼费；赔偿原告自然之友支出的律师服务费 96 200 元、评估费 6000 元、工作人员差旅费 56 537.9 元；赔偿原告福建绿家园支出的律师服务费 25 261 元、工作人员差旅费 19 000 元。

事实与理由：

原告自然之友是 1993 年成立的非营利性民间环保组织，宗旨是"倡导生态文明、开展环境研究，促进可持续发展"，于 2010 年在民政部门登记注册。其业务范围是：固体废弃物处理技术研究及相关政策研究；固体废弃物对生态环境的影响研究；固体废弃物研究相关科普活动推广；固体废弃物研究相关环境教育活动推广。原告福建绿家园是成立于 1998

年的非营利性民间环保组织，宗旨是"推动公众参与，与政府互动促进环境保护"，于2006年在民政部门登记注册。其业务范围是：保护生态环境、传播环境文化、开展学术技术交流。二原告无违法记录。根据《中华人民共和国环境保护法》第58条，二原告对污染环境、破坏生态，损害社会公共利益的行为有权提起环境民事公益诉讼。

2008年7月底，被告谢某、倪某、郑某未经批准，擅自从被告李某手中购得南平市延平区葫芦山砂基洋恒兴石材厂矿山的采矿权，三人经商量决定由谢某具体负责矿山的采矿事宜。此后，在未依法取得占用林地许可证及办理采矿许可延期手续的情况下，由谢某提议，改变李某原有塘口位置从山顶往下开采，得到倪某、郑某的同意。谢某指挥从山顶剥山皮，开采矿石，并将剥山皮和开采矿石产生的弃石往山下倾倒。谢某、倪某、郑某还在矿山的塘口的下方兴建了砖混结构的工棚用于矿山工人居住，直至2010年初停止开采，造成原有植被严重毁坏。在国土资源部门数次责令停止采矿的情况下，2011年6月，谢某、倪某、郑某还雇佣挖掘机到该矿山边坡处开路和扩大矿山塘口面积，又造成该处原有植被严重毁坏。2014年7月28日，南平市延平区人民法院以谢某、倪某、郑某犯非法占用农用地罪对三人判处刑罚。

经福建天祥司法鉴定所鉴定，确认谢某、倪某、郑某采石破坏林地面积共计18 890.6平方米，折28.33亩。其中，李某原采石塘口毁坏林地植被 8.89 亩。谢某、倪某、郑某在山顶采石毁坏林地植被 19.44 亩。已毁林地被大量采石、堆放弃石和设备等，原有植被完全毁坏和消失。

原告认为，四被告转让、开采有共同的过错，破坏的 28.33 亩林地不仅本身完全丧失了生态功能，而且影响到了周围生态环境功能及整体性，尤其是山顶被破坏的林地，将会严重影响和改变周边及山下动植物的环境，导致生态功能脆弱或丧失。原告作为环境保护的民间组织，有义务参与、督促责任者恢复林地植被，保护生态环境，又因被告开采毁坏的林地植被有可恢复性，故根据《中华人民共和国环境保护法》第 58 条以及《中华人民共和国合同法》《探矿权采矿权转让管理办法》《中华人民共和国侵权责任法》等规定提起诉讼。福建省南平市人民检察院、中国政法大学环境资源法研究和服务中心根据《中华人民共和国民事诉讼法》第 15 条，支持二原告起诉。

此致

南平市中级人民法院

起诉人：北京市朝阳区自然之友环境研究所

福建省绿家园环境友好中心

二〇一五年一月一日

证据和诉讼材料目录

序号	名称／页数／种类／来源／页码	证明或者说明对象	材料内容
1	《南平市延平区砂基洋（恒兴）矿区饰面用花岗岩矿开发利用方案》复印件，共12页，书证，延平区法院（2014）延刑初字第117号刑事卷宗，253。	拟证事实：该矿区林地植被有可恢复性。	摘要： 一、…… 6.4 水地保持、土地复垦 5. 矿山闭坑后，在开采区周围植树造林复垦成林区。 6.5 闭坑措施 6.5.2 根据生态恢复治理方案回填矿山露天采场，整平、回填表土，恢复植被。
2	（2014）延刑初字第117号《刑事判决书》复印件，共8页，书证，延平区法院（2014）延刑初字第117号刑事卷宗，265。	拟证事实： 一、谢某、倪某、郑某因犯非法占用农用地罪毁坏的林地植被有可恢复性。 二、谢某、倪某、郑某从李某手中购得采矿权未经国土资源部门批准，对林地植被毁坏，四被告有共同过错。	摘要： 一、（谢某）辩护人张某某指出，对公诉机关指控被告人谢某犯非法占用农用地罪不持异议，但提出如下辩护意见：……原矿主李某在《采矿权出让合同》中将转让标的扩大原采矿许可证范围，该事实客观上促使被告人非法使用林地的犯罪行为发生。……被告人非法占用的林地具有可恢复性，社会危害性较小。 二、（倪某）辩护人黄某某提出：对公诉机关指挥被告人倪某犯非法占用农用地罪不持异议，但提出如下两点辩护意见：……第二，被告人倪某开采的矿石大部分是裸露的石头，不是茂密林地，该林地开采完毕后可以恢复的，故被告人的行为危害性不大。 三、（郑某）辩护人张某提出，对公诉机关指控被告人郑某犯非法占用农用地罪不持异议，但提出如下辩护意见：……被告人郑某主观恶性小，边申请采矿手续边开采，并有意愿在开采后进行复耕。

续表

序号	名称/页数/种类/来源/页码	证明或者说明对象	材料内容
2	（2014）延刑初字第 117 号《刑事判决书》复印件，共 8 页，书证，延平区法院（2014）延刑初字第 117 号刑事卷宗，265。	拟证事实：一、谢某、倪某、郑某因犯非法占用农用地罪毁坏的林地植被有可恢复性。二、谢某、倪某、郑某从李某手中购得采矿权未经国土资源部门批准，对林地植被毁坏，四被告有共同过错。	…… 四、经审理查明，2008 年 7 月底，被告人谢某、倪某、郑某未经批准，擅自从李某手中购得南平市延平区葫芦山砂基洋恒兴石材厂矿山的采矿权，三人经商量决定由被告人谢某具体负责矿山的采矿事宜。 五、本院认为，被告人谢某、倪某、郑某违反土地管理法规，非法占用林地，造成 19.44 亩林地原有植被被严重毁坏，数量较大，其行为均已构成了非法占用农用地罪，公诉机关指控罪名成立。三被告人共同故意非法占用林地，是共同犯罪。 本院认为，三被告人在开采矿山的过程中非法占用农用地这一重大经营事项系三被告人共同决定实施，共同配合，作用相当，故在本案共同犯罪中不宜区分主从犯。（郑某）辩护人的辩护意见，依据不足，不予采纳。但被告人郑某在共同犯罪中参与程度相对较小，在量刑时酌情予以从轻处罚。

续表

序号	名称／页数／种类／来源／页码	证明或者说明对象	材料内容
3	（2014）南刑终字第135号《刑事裁定书》复印件，共12页，书证，南平市中级人民法院（2014）南刑终字第135号刑事卷宗，273。	拟证事实：同上。	摘要：略。
4	2013年12月19日《鉴定意见》及配套材料复印件，共4页，鉴定意见，延平区法院（2014）延刑初字第117号刑事卷宗，284。	拟证事实：四被告毁坏林地植被面积为28.33亩。	摘要：《鉴定意见》：确认该采石场占用林地的面积共计18 890.6平方米，折28.33亩。在占用的林地现场已用于采石、堆放弃石弃土，造成林地的原有植被严重毁坏。
5	2014年2月13日《福建天祥司法鉴定所林业物证补充鉴定意见书》及配套材料复印件，共14页，鉴定意见，延平区法院（2014）延刑初字第117号刑事卷宗，293。	拟证事实：同上。	摘要：一《延平区恒兴石材厂（矿山）占用林地调查面积数据记录》：

一《延平区恒兴石材厂（矿山）占用林地调查面积数据记录》：

序号	地块	位置	面积（m²）	折亩数
合计			18 890.6	28.33
1	现采石	005-08-040	2605	3.91
		013-02-050	4422	6.63
2	现弃石	013-02-050	5009	7.51
		013-02-020	742	1.11
3	原采弃	013-02-020	1233	1.85
		013-02-050	1677	2.52
		013-02-070	3015	4.52
4	工棚	013-02-070	187.6	0.28

续表

序号	名称／页数／种类／来源／页码	证明或者说明对象	材料内容
5	2014年2月13日《福建天祥司法鉴定所林业物证补充鉴定意见书》及配套材料复印件，共14页，鉴定意见，延平区法院（2014）延刑初字第117号刑事卷宗，293。	拟证事实：同上。	二、《福建天祥司法鉴定所林精物证补充鉴定意见书》：（一）确认该采石场占用林地的面积共计18 890.6平方米，折28.33亩。（二）在占用的林地现场已用于采石、堆放弃石弃土，造成林地的原有植被严重毁坏。
6	《补充现场勘验笔录》复印件，共3页，勘验笔录，延平区法院（2014）延刑初字第117号刑事卷宗，306。	拟证事实：同上。	摘要："延平区恒兴石材厂"原务工人员张某某在现场同时表示，他今天在现场指认的该采石场采石处、弃石处和工棚处均为倪某、谢某、郑某三人从原老板李某手上购买后，于2008年8月至2009年底雇佣工人采石遗留下来的，其中倪某、谢某、郑某三人后期采矿的弃石处下方与原老板李某的矿山塘口部分重叠，原老板李某的矿山塘口部分被弃石覆盖。林业技术人员同时在现场对原李某矿山塘口被弃石覆盖处进行分别勾绘。
7	《第二次补充现场勘验笔录》复印件，共3页，勘验笔录，延平区法院（2014）延刑初字第117号刑事卷宗，309。	拟证事实：同上。	摘要："延平区恒兴石材厂"原老板李某在现场同时表示，他今天在现场指认的其原来的采石场塘口现部分已被倪某、谢某、郑某三人后期采矿所产生的弃土、弃石掩埋覆盖。

续表

序号	名称/页数/种类/来源/页码	证明或者说明对象	材料内容
8	《现场辨认笔录》复印件，共2页，辨认笔录，延平区法院（2014）延刑初字第117号刑事卷宗，312。	拟证事实：同上。	摘要： 最后当事人谢某对李某原来的矿山塘口位置进行辨认，确认原来李某的矿山塘口位置位于谢某等人新采挖的塘口东北方向的下方位置，谢某在陈述并指认，他们将李某的矿山购买下来之后，并未在原李某开采的塘口位置继续采挖，而是在山顶位置以露天开采的方式采挖新塘口，原李某的旧塘口已被山顶新塘口采挖期间所产生的弃石、弃土所掩埋。

本组证据综合意见：

谢某、倪某、郑某从李某手中购得采矿权未经国土资源部门批准，开矿毁坏了林地植被28.33亩，破坏了生态环境，四被告有共同过错，在环境民事公益诉讼中对外应当承担连带民事责任。其次，四被告开矿毁坏的林地植被有可恢复性，应当承担原地恢复林地植被的民事责任。

制作人：吴某某律师

修订时间：2014年12月19日

原告：北京市朝阳区自然之友环境研究所

2015年1月1日

原告：福建省绿家园环境友好中心

2015年1月1日

肆

审理进程与结果

2015 年 10 月 29 日，南平生态破坏案当庭宣判。

　　南平市中级人民法院受理南平生态公益诉讼案件后，于 2015 年 5 月 15 日和 6 月 5 日先后两次公开开庭进行审理，并于 2015 年 10 月 29 日作出（2015）南民初字第 38 号民事判决书。谢某、倪某、郑某不服向福建省高级人民法院提起上诉，福建省高级人民法院于 2015 年 12 月 7 日二审开庭审理，并于 2015 年 12 月 14 日作出（2015）闽民终字第 2060 号民事判决书，驳回上诉，维持原判。谢某仍不服又向最高人民法院申请再审，最高人民法院经过审查于 2017 年 1 月 26 日作出（2016）最高法民申 1919 号民事裁定书，驳回谢某的再审申请。

依据最终生效判决，谢某、倪某、郑某和李某应：①限期清除矿山采石处现存工棚、机械设备、石料和弃石，恢复被破坏林地功能，补种林木，并对补种的林木抚育管护 3 年。②若不能在期限内恢复林地植被，应于期限届满之日起 10 日内共同赔偿生态环境修复费用 110.19 万元（支付到法院指定账户），用于生态环境修复。③共同赔偿生态环境受到损害至恢复原状期间服务功能损失 127 万元（支付到法院指定账户），用于生态环境修复或异地公共生态环境修复。④共同支付自然之友支出的评估费 6000 元、律师费 96 200 元、为诉讼支出的其他合理费用 31 308 元，合计 133 508 元。⑤共同支付福建绿家园律师费 25 261 元、为诉讼支出的其他合理费用 7393.5 元，合计 32 654.5 元。

伍

办案笔记

如果可以，那就停止吧！如果不行，那就让法律作出裁决吧！我们相信正义会为自然"平反"，尽管我们面对的是比豺狼虎豹更为可怕的人性。

自然之友和福建绿家园着手准备提起诉讼之时，如何取证是他们面临的第一道关卡，也是环境公益诉讼一直以来所面临的难关。林地毁损、层土遭铲、岩层裸露、环境破坏以及破坏面积、金额、环境恢复费用等，这些后果与谢某、倪某、郑某、李某的采矿破坏行为具有直接因果关系似乎是顺理成章的事实，但在法律上需要证据来证明。收集环境污染及生态破坏的证据，不仅对受害者是一个难题，即使是对具有环境公益诉讼经验的环保组织，这也是一道"难以逾越的障碍"。

据《森林资源资产评估专家评审认定办法》等法律规定，森林资源资产评估，需由森林资源资产评估专家与注册资产评估师共同开展。实践中，并非每一鉴定机构都具备评估森林资源的资质，即使有评估、鉴定资质，收费也较为高昂。仅就一般的环境污染案件，评估、鉴定等取证的费用就需要几万到几十万甚至上百万不等，环境公益诉讼的公益性质使环保组织在高昂的鉴定费用面前如履薄冰。

自然之友和福建绿家园坦诚在南平生态破坏公益诉讼一案中走了捷径。2014年7月28日，南平市延平区人民法院以非法占用农用地罪名判处谢某、倪某、郑某有期徒刑一年二个月至一年六个月不等。自然之友和福建绿家园在刑事判决生效后再提起环境公益诉讼，借助已有生效刑事判决书及原有刑事卷宗材料，确定了谢某、倪某、郑某、李某破坏的林地面积为28.33亩，省去了诉讼过程中最为繁琐的破坏面积鉴定问题，极大地促进了本次司法诉讼程序的进程。

为解决资金问题，自然之友还启动了由阿里巴巴公益基金会支持下发起成立的"环境公益诉讼支持基金"用于资助和支持环境公益诉讼，提高公益诉讼的能力。"环境公益诉讼支持基金"也是"环境公益诉讼民间行动网络项目"的重要组成部分，目的在于推动环境公益诉讼制度的真正落实。南平生态破坏公益诉讼案也是该基金支持的第一例环境公益诉讼案件。

在南平生态破坏案公益诉讼过程中，自然之友、福建绿家园还得到了厦门大学环境与生态学院李振基教授的大力支持，对此次公益诉讼的生态破坏进行了无偿鉴定，解决了生态环境破坏中最重要的损失鉴定难的问题。但这仅仅只是个例，在大量的环境公益诉讼中，鉴定、评估等取证问题依然是挡在公益诉讼路上的"鸿沟"。

"抱团诉讼"被证明是解决单个环保组织资源短缺、能力不足的可行路径之一。在南平生态破坏公益诉讼案件中，自然之友和福建绿家园作为共同原告，中国政法大学环境资源法研究和服务中心作为支持起诉单位，在南平生态破坏公益诉讼中各自发挥领域、经验及资源优势，互相配合，共同分摊诉讼成本，在取证、鉴定及专家证人的聘请、讨论过程中起到了互为补足的作用，也解决了环保组织数量不足，南平当地环保组织无法提起公益诉讼的问题。

另一方面，若要顺利提起环境公益诉讼并使之成为常态，那么破除地方保护就势在必行了。环境污染以企业污染者居多，这些企业污染者往往能给当地带来较大的经济收入，也往往更受当地政府部门的"青睐"，以环境换经济在一些地方并不少见。地方政府部门出于对当地形象的塑造和维护以及对当地经济发展的考量，往往不愿意将污染企业公之于众，更何况是将其诉之于法。以采矿占林为例，以往的森林主管部门，往往"睁一只眼闭一只眼"，若接到群众举报，最多采取罚款、复绿补种等处罚措施结案了事，难以对环境污染者造成实质威慑。因此，提起环境公益诉讼，需要破除地方保护。在南平生态破坏公益诉讼中，自然之友与福建绿家园积极与南平当地政府部门进行讨论研究，以求"说服"对方并得到支持。南平当地各政府、司法部门的态度截然不同，最积极的当属法院和检察院。经过多方努力及沟通，自然之友和福建绿家园得到了南平市人民检察院的支持，以支持起诉人的身份支持自然之友和福建绿家园提起公益诉讼。在诉讼过程中，作为第三人的南平市国土资源局延平分局也对自然之友和福建绿家园的公益诉讼表示支持。但在大量的环境公益诉讼中，地方保护在一定程度上成为公益诉讼路上的"障碍"，环境公益诉讼只有在得到当地各政府部门支持的情况下，才能快速、稳健而有序地推进。我们能够相信，在未来的环境公益诉讼路上，会有更多的政府部门出于环境保护而与我们站到一起，与环境污染者做斗争，正所谓"金山银山，不如绿水青山"，说的便是这个道理。

"春三月，山林不登斧，以成草木之长；夏三月，川泽不入网罟，以成鱼鳖之长。"这是《逸周书·大聚解》对生态平衡以及保持环境和社会经济可持续发展的反思和实践，在经济及科技快速发展的今天，我们理应将这种精神贯彻到经济发展中，不逐一时之利，严格环境执法。在制度上也应促进司法及行政部门多方联动，为环境公益诉讼提供制度保障，方能建设天蓝、地绿、水清的美丽中国。

陆

多方观点及案件评析

一切准备就绪，自然之友和福建绿家园于 2015 年 1 月 1 日作为原告向南平市中级人民法院正式提起环境民事公益诉讼，南平市中级人民法院立案受理后由副院长林东波担任审判长，与法官甘代兴、张廷贵和人民陪审员黄慧勤、朱峰组成合议庭审理此案。这是 2015 年 1 月 1 日新修订的《环境保护法》施行后，全国首例由环保组织提起的环境民事公益诉讼，也是新修订的《环境保护法》施行后人民法院立案受理的全国首例环境民事公益诉讼。2015 年 12 月 29 日，最高人民法院召开环境侵权典型案例新闻通气会，发布了 10 起环境侵权典型案例，自然之友和福建绿家园提起的南平生态破坏公益诉讼案件被收入典型案例中，受到社会各界的广泛关注和热议。2018 年，该案入选《人民日报》评选的中国改革开放 40 年 40 个"第一"。

王灿发教授：这个判决是环境公益诉讼一个划时代的开端

"2012 年修改的《民事诉讼法》规定了公益诉讼后，在接着一年多的时间里，并没有真正的草根 NGO 成功提起公益诉讼。这次草根 NGO 提起的公益诉讼被受理，而且取得了胜诉，是一个很好的开端。"中国政法大学教授、博士生导师，中国政法大学环境资源法研究和服务中心主任王灿发教授在《方圆》杂志的采访中说道，他还表示南平生态破坏案之所以成功，还有一个重要原因，就是环保组织、专业机构之间有良好的配合。"福建绿家园在福建，自然之友在北京，案件又是在中国政法大学污染受害者法律帮助中心律师的帮助下提起诉讼的，中心也直接作为诉讼的支持方出席庭审。"多方合作凝聚了强大的法律能力和诉讼力量，再加上邀请专业机构中林公司出具评估报告，使得庭审准备在各方面都比较充分，案件得以成功也在情理之中。

王树义教授：赔偿生态环境服务功能损失，率先进行有益实践

"新《环境保护法》首次将破坏生态行为纳入环境公益诉讼的范围，而本案作为首例破坏森林生态类型的环境公益诉讼案件，有别于以往污染环境类型的案件，对今后的环境司法实践具有参考价值和探索意义。本案根据《最高人民法院关于审理环境民事公益诉讼案件适用法律若干问题的解释》第 21 条的规定，支持原告要求赔偿生态环境服务功能损失的诉讼请求，率先进行有益的实践，难能可贵。"

这是武汉大学法学院教授、博士生导师，中国环境资源法学研究会副会长王树义教授，对该案件的点评意见。生态环境服务功能损失也是南平生态破坏公益诉讼案件审理的争议焦点，涉及法的溯及力问题。我们认为，谢某、倪某、郑某及李某的环境侵权行为，在其侵权行为发生时，早已施行的《中华人民共和国民法通则》及《中华人民共和国侵权责任法》等法律规定中，均已将"恢复原状""赔偿损失"规定为承担侵权责任的方式，"生态环境服务功能损失"属于因侵权行为引起的损失之一，谢某、倪某、郑某及李某作为共同侵权人，依法应予赔偿。法院依据 2015 年 1 月 7 日起实施的《最高人民法院关于审理环境民事公益诉讼案件适用法律若干问题的解释》第 21 条等规定判决支持自然之友、福建绿家园要求谢某、倪某、郑某及李某赔偿生态环境受到损害至恢复原状期间服务功能损失费，于法有据。

甘代兴法官：引入专家辅助人制度，解决损失确定问题

现任福建省顺昌县人民法院党组书记、院长，南平市中级人民法院生态环境审判庭原庭长，南平生态破坏公益诉讼案的主审法官甘代兴在接受《人民日报》采访时认为："该案的审理不仅对公益诉讼主体的条件进行了规范，还引入专家辅助人出庭制度，让判决结果更加专业公正，并对那些肆意破坏环境的人提出警告，让社会看到司法在生态环境保护中的重要作用。"

刘湘律师：对专家意见予以采信，具有引导和示范意义

自然之友代理律师、中国政法大学环境资源法研究和服务中心诉讼部部长刘湘也认为："判决中，法院支持了生态环境损害赔偿，并且认可了原告委托生态评估公司做出的评估报告，对专家意见予以采信，这有很好的引导和示范意义。"

关于损失的确定以及评估意见的采纳是南平生态破坏公益诉讼的另一争议焦点。自然之友、福建绿家园主张生态环境修复费用、生态环境受到损害至恢复原状期间服务功能损失费的依据为北京中林资产评估有限公司出具的评估报告及其补充意见、说明。但谢某、倪某、郑某认为，评估报告中无评估人具有森林资产评估的资质证件，评估人资质存疑，评估报告不能采信。对此，法院认为评估意见系具有资产评估资质的北京中林资产评估有限公司出具，虽未能提供评估人员的个人评估资格证书，但参与评估的主要人员具有生态学教授职称、生态学博士学历。其中厦门大学生态学的李振基教授、吴栋栋博士和景谦平博士都在庭审中出庭接受质询，可以视为专家意见。且谢某、倪某、郑某及李某未申请对生态环境修复费用、生态环境受到损害至恢复原状期间服务功能损失费进行重新评估，因此法院将该评估意见视为专家意见应予以采纳并参考。

专家辅助人制度是 2012 年《中华人民共和国民事诉讼法》修正后增设的制度，旨在保证鉴定意见在诉讼中的规范运用。我们认为，环境侵权案件相比于普通侵权案件，专业性、技术性更强且更为复杂，专家辅助人制度则能较好地解决这一问题，由专家辅助人出庭并根据其专业知识，对鉴定意见、鉴定过程及鉴定方法等专业性、技术性方面提出意见、接受质询，可以帮助法院甄别、提高内心确信。《最高人民法院关于审理环境民事公益诉讼案件适用法律若干问题的解释》第 23 条中也规定，法院可以参考"专家意见"等合理确定生态环境修复费用，进一步激活和强化专家辅助人制度在环境侵权案件中的运用，在南平生态破坏公益诉讼中通过专家辅助人出庭接受质询也较好地解决了损失确定难的问题，对其他案件具有良好的指引和示范作用。

福建绿家园林英女士：力求通过个案推动环境公益诉讼发展，修复环境

福建绿家园主任林英女士在谈到本案时认为：新《环境保护法》实施后，作为全国首家提起环境公益诉讼的公益组织，我们力求通过个案参考以及案件的影响力推动环境公益诉讼发展。绿家园本着解决问题、修复环境的目的，而非获得利益及对抗性的理念，希望以这样的方式，联合社会各界力量，督促被告停止非法采石、破坏生态的行为，切实保障遭受破坏的生态得到修复。并通过此案对潜在的生态破坏制

造者起到绿色法治教育的作用，推动社会的共同监督，和公众环境保护意识的提升。

作为环保社会组织，在缺乏人力、物力及多方的重重压力之下，环境公益诉讼所带来的挑战是巨大的，但面对当今严峻的环境污染，"苟利国家生死以，岂因祸福避趋之"，作为环境的守护者，有这份责任站出来为自然发声，承担起时代赋予我们的使命。生态保护必须让每个主体承担起应有的责任，发挥出各自的力量，才能最终达成绿色共享、环境共治的局面。地球是人类唯一生存的家园，人类的生存，必须要呵护、敬畏、爱护自然，我们与自然共存共生，命运与共。

吴安心律师：倡导环保理念，释放制度红利，支持环境公益诉讼发展

中国政法大学环境资源法研究和服务中心诉讼部公益律师吴安心律师认为，"现今为数不多的环境公益诉讼案件，因数量太少，对生态环境的改善有限，其意义更多体现在观念倡导上。真要遏制环境污染和生态破坏越来越严重的势头，势必要有更多的环境公益诉讼参与环境治理，发挥干预作用，这就亟须修改过时的行政法规和司法政策，释放制度红利，支持环境公益诉讼发展。"

环境保护并非一朝一夕，而是一个长远的过程——需要人人参与的过程。提起环境公益诉讼并不是目的，目的在于通过个案来推动环境公益诉讼的发展，我们也希望通过个案

让人们了解环境保护的重要性以及毁坏环境所应承担的法律责任。尊敬自然，敬畏生命，让大自然享有同等的生存权利，是与自然和谐相处的应有之义。

我们希望的并不是有多少起环境公益诉讼，我们希望的是没有环境公益诉讼！

柒

案件执行情况

判决生效后，福建绿家园林英主任带领法务人员于2017年9月15日到南平市中级人民法院执行局了解案件执行情况，经执行局郑副局长介绍：被告已于2016年上半年，将生态环境修复费用110.19万元，连同应该支付自然之友的费用133 508元和应该支付绿家园为诉讼支出的合理费用32 654.5元，支付至法院指定的账户。后续，被告对生态环境受到损害至恢复原状期间服务功能损失赔偿金127万也已支付到位。2019年4月22日，福建绿家园致电南平市中级人民法院生态环境审判庭的张法官询问案件执行情况，张法官答复：去年案件通过各方面协调已经在执行中，具体委托乡镇政府在执行，法院非常重视，执行工作完成后会积极与我们联系。

在环境公益诉讼案件中，诉讼目的应在于通过司法的强制执行力及时而有效地恢复被损毁的生态环境，将损害降到最低。取得生效判决仅是第一步，判决结果是否落实到位更为关键，法院的强制执行是公益诉讼目的能否顺利实现的制度保障。因此，在生态环境破坏问题严峻、生态治理刻不容缓的情况下，判决的环境修复及功能损失费用应及时落实到位，人民法院在采取对应强制措施的同时也应积极保障自然之友、福建绿家园等民间环保组织参与执行监督的权利。通过制度的设计及落实，切实保障环境公益诉讼审判及执行联动、推动司法进程，将生态环境破坏所遭受的损失降到最低。

"草木荣华滋硕之时，则斧斤不入山林，不夭其生，不绝其长也。"这是荀子的自然保护之道，也是人与自然的相处之道。与自然和谐相处，保障自然同等的生存权利，是我们赖以生存的基础。我们希望南平生态破坏公益诉讼案件能给人们一点思考、一点启发。

当植物褪去，露出干涸的大地，人类引以为豪的文明究竟是开阔了新天地，还是加速了世界的灭亡——答案不言而喻。我们敬畏自然必会受自然哺育，若肆意破坏则必将遭受自然惩罚。一切因追逐利益而取得的"礼物"早已在暗中标好了价格，不论谁都要为自己破坏环境的行为"买单"。

第二案 守护长汀母亲河
——福建长汀畜禽养殖水污染案

郑晓茶（编写）

案例评述

本案作为新《环境保护法》实施后的全国首例畜禽养殖污染环境公益诉讼且当庭达成调解协议的案件，为我国社会组织提起环境民事公益诉讼制度的落实和推进，充实了一例成功的、鲜活的、程序完整的案例。

通过本案介绍，让我们进一步理解环境公益诉讼制度，以及案件中的原告、支持单位、被告、法院、政府、社会公共利益、诉讼程序、调解程序、后续执行等内容，同时也为我们展示了一个案件完整的办理过程，体现了环境民事公益诉讼的办理需要社会各方的努力、参与、支持、理解与配合，才能促进每个环境公益诉讼案件取得圆满结果。

——祝文贺　中国政法大学污染受害者法律帮助中心志愿律师

壹

污染的发现

1998 年，福建龙岩长汀县村民兰某某在未办理任何环评手续的情况下，在长汀县古城镇杨梅溪村汀四公路旁 28 公里处建了一座养猪场，将养猪废水排入濯田河，污染了河流水质。2013 年 6 月 18 日，长汀县古城镇人民政府为加强养殖业污染综合整治工作，实现生态镇建设目标，根据有关规定划定禁养区域，兰某某养猪场所在位置属于禁养区域内。2014 年该养猪场遭到附近村民的投诉，县环保局在接到投诉后，对该养猪场实施处罚并要求拆除和停止作业，恢复原地植被，然而村民兰某某一直没有执行到位，依然生产作业。因此，非营利性民间环保组织福建省绿家园环境友好中心提起公益诉讼，长汀县环保局、中国政法大学环境资源法研究和服务中心作为该案的支持起诉单位，也积极参与到诉讼中来。"作为环境保护行政主管部门，我们积极鼓励环保组织对破坏生态、污染环境的行为提起诉讼"，县环保局工作人员说道。提起诉讼的福建省绿家园环境友好中心认为：兰某某占用林地建养猪场，将超标养猪废水排入濯田河，其生产经营对大气环境、水体环境和生态环境造成了一定污染，影响了该区域生态环境功能的整体性。

贰

被破坏环境介绍

2014 年 12 月 23 日，国务院办公厅印发《关于公布内蒙古毕拉河等 21 处新建国家级自然保护区名单的通知》指出，保护区的建立对于优化全国自然保护区空间布局、提高生物多样性整体保护效果、构建国家生态安全战略格局、履行国际公约具有重大意义。自然保护区是生态文明建设的重要载体，建立自然保护区是落实生态保护红线制度、维护国家生态安全的有效措施，是实现可持续发展的积极手段。

国家级自然保护区一般建立在人口稀少、交通不便、自然条件优厚且复杂、物种繁多且奇特的地区，也是为了保护当地脆弱的生态环境。生态系统是由生命系统，包括动植物、微生物和环境系统组成的一个整体。是各成员借助能量流动、物质循环、信息传递而相互联系、相互影响、相互依存所形成的具有组织和自我调节能量能力的且有一定大小结构的复合体。生态系统越复杂，自我调节能力就越强，但被破坏后，所需的恢复时间要远远多于组分简单的生态系统。我国人口众多，自然资源稀缺，对于原生性生态环境地区，其需要被保护的重要性不言而喻。

长汀案养猪场处于汀江源国家级自然保护区范围内。汀江源国家级自然保护区位于长汀县境内，地处闽西西部，坐落于武夷山脉南段延伸支脉区域，总面积 10 379.7 公顷，主要保护对象为原生性的中亚热带常绿阔叶林生态系统、典型的中亚热带溪流生态系统、丰富的大型真菌资源、汀江源头重要水源涵养林，属森林生态系统类型自然保护区。

对于该地的环境保护直接影响下游 6 个县市的饮水健康，而养猪场的经营对水源质量造成直接影响。兰某某将超标养猪废水排入濯田河，露天猪粪池内的猪粪在雨季雨水充沛时，容易混入水源地，污染水源。而下游居民因生产生活需要用水，受污染的水则会直接进入人体，或是间接通过食物链在食物中富集，危害人体健康。此外，未经处理的猪粪会影响水质，破坏水生生物的栖息环境，改变原有的水生生态系统的结构、组成。

兰某某的养猪场建在路边，经过的人都能闻到难闻的气味。气味来源于畜粪中所含有的氨气和硫化氢等大气污染成分，同时，猪粪中也含有很多病原微生物、寄生虫卵及重金属等物质，若不经过处理直接进入土壤、水源，所形成的挥发性污染气体如硫化氢、氨气等，也会对生态环境和人畜健康产生不良影响。

养猪场的建造还会对自然保护区内的生态环境造成严重

影响。众所周知，树木能够进行光合作用，吸收二氧化碳，释放氧气；树木可以防风固沙，防止水土流失，保护生态平衡。过度消耗当地林地资源建养猪场，导致地表植被减少，土壤失去保护层。受雨水冲刷，地表径流增大，土壤内的腐殖质、矿物质、无机物等营养物质丧失，肥力下降，易造成水土流失、土地盐碱化。如此做法不仅破坏生态平衡，使林地丧失了生态功能，而且还影响了汀江源国家级自然保护区生态环境功能的整体性。

地处福建西部的长汀县被誉为"南方水土流失治理的典范"，2013年被列为全国首批水生态文明城市建设试点县、全国第六批生态文明建设试点县。作为农业养殖大县，长汀县生猪存栏近50万头，200头以上规模的养猪场超过500家，生猪养殖污染严重超过了全县环境容量，因此，对该区域的环境治理迫在眉睫。

叁

案件起诉过程材料呈现

为更清晰、直观地还原案件事实，呈现案件办理过程，现将案件的《民事起诉状》及《证据和诉讼材料目录》摘列如下，以兹了解及阅读。

民事起诉状

原告：福建省绿家园环境友好中心（简称：福建绿家园），地址：略。邮编：略。

法定代表人：邓某某，职务：副理事长。

支持起诉单位：长汀县环境保护局，地址：略。邮编：略。

法定代表人：邱某某，职务：局长。

支持起诉单位：中国政法大学环境资源法研究和服务中心（又称：中国政法大学污染受害者法律帮助中心），地址：略。邮编：略。

负责人：王某某，职务：主任。

被告：兰某某，男，1962年某月某日生于福建省长汀县，身份证号码：略，汉族，小学文化，农民，住址：略。

案由：生态破坏、水污染责任纠纷。

诉讼请求：

一、判决被告立即停止向濯田河排放养猪废水。

二、判决被告2个月内拆除现养猪场占地范围的地上建筑和地下基础，对沼气池、氧化塘和猪圈粪便进行无害化清理，恢复原地植被。

三、被告不能按第2项请求2个月内恢复原地植被的，赔偿原地生态环境修复费用5万元（暂定），由原告用该款恢复原地植被。

四、判决被告承担诉讼费、评估或鉴定费、原告律师费和工作人员差旅费等实际支出。

事实与理由：

原告是成立于 1998 年的非营利性民间环保组织，宗旨是"推动公众参与，与政府互动促进环境保护"。于 2006 年在民政厅登记注册。业务范围是保护生态环境、传播环境文化、开展学术技术交流。原告无违法记录。根据《中华人民共和国环境保护法》第 58 条，原告对污染环境、破坏生态，损害社会公共利益的行为有权提起环境民事公益诉讼。

1998 年，被告未办环评手续，在古城镇杨梅溪村汀四公路旁 28 公里处（中磺路口）占用林地建养猪场一座，养猪废水排入濯田河。根据《检测报告》（JB-NHJC-2015-J-003），被告养猪废水 CODcr 超标 1.32 倍，氨氮超标 3.35 倍，总磷超标 5.29 倍。现被告养猪场所在地为汀江源国家级自然保护区范围。

原告认为，"许多自然保护区内生长着茂密的原始森林，而森林涵养水源的作用是巨大的。森林能阻挡雨水直接冲刷土地，降低地表径流的速度，使其获得缓慢下渗的机会。林地土壤疏松，林内枯枝落叶又能保水。据实验表明，无林坡地，土壤只能吸收 56% 的水分，但坡上如有 80 米~100 米宽的林带时，地表径流则完全被转变为地下径流而储蓄起来，像水库一样。"（天津市海洋局《自然保护区作用和效益》）因此，全社会都有责任和义务保护自然保护区林地植被和河流水质。

本案中，被告破坏生态、污染环境损害社会公共利益的行为如下：一是被告改变林地用途兴建养猪场，不仅占用林地，使其丧失了生态功能，而且影响到了汀江源国家级自然保护区生态环境功能的整体性。二是被告将超标养猪废水排入濯田河，污染了河流水质。故根据《中华人民共和国水污染防治法》第17条《中华人民共和国环境保护法》第58条、《中华人民共和国侵权责任法》第15条等规定，特向你院起诉。二支持单位根据《中华人民共和国民事诉讼法》第15条，支持原告起诉。请法院支持原告诉讼请求。

　　此致
　　福建省龙岩市中级人民法院

　　　　　　　　　　　原告：福建省绿家园环境友好中心
　　　　　　　　支持起诉单位：长汀县环境保护局
　　　　　支持起诉单位：中国政法大学环境资源法研究和服务中心
　　　　　　　　　　　　　　　　　2015年4月13日

证据和诉讼材料目录

1.被告没有环评手续违法排污的事实

证据：1

名称/页数/种类/来源/页码	（2013）汀刑初字第42号《刑事判决书》复印件，共15页，书证，长汀县环境保护局提供，86。
证明/说明对象	兰某某公民身份证信息和实际住址。

材料内容摘要：

被告人兰　　　　　　　，男，1979年12月22日生于福建省长汀县，身份证号码35　　　　　　　，汉族，小学文化，农民，住福建省长汀县古城镇　　　号。2012

证据：2

名称/页数/种类/来源/页码	《调查询问笔录》复印件，共2页，书证，长汀县环境保护局提供，101。
证明/说明对象	一、有废水恶臭污染。无固液分离机、化尸池。 二、没有环评手续。 三、养猪场业主是兰某某。养殖规模300头左右。

材料内容摘要：

证据：3

名称/页数/种类/来源/页码	《现场检查（勘察）笔录》和现场照片复印件，共3页，书证，长汀县环境保护局提供，103。
证明/说明对象	同证据2

材料内容摘要：

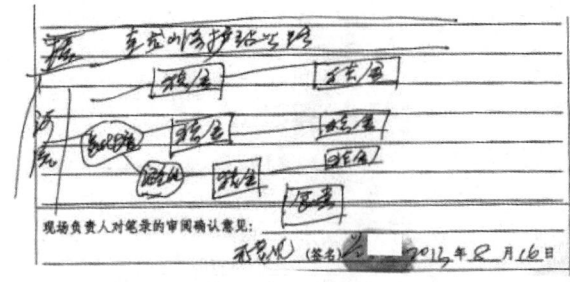

证据：4

名称/页数/种类/来源/页码	《行政处罚决定书》（汀环罚字[2013]42 号）复印件，共 2 页，书证，长汀县环境保护局提供，105。
证明/说明对象	同证据 2

材料内容摘要：

根据《建设项目环境保护管理条例》第 二十四 条第 ___ 款（和《_____》第 ___ 条第 ___ 款）之规定，决定对你单位（或个人）作出如下行政处罚：

1、责令停止建设 _____；

2、处以人民币贰万元罚款 _____。

证据：5

名称/页数/种类/来源/页码	《检测报告》（JB-NHJC-2015-J-003）复印件，共 2 页，书证，长汀县环境保护局提供，107。
证明/说明对象	沉淀池出口废水超标，污染了杨梅溪。

材料内容摘要：

废水检测结果表

样品名称	收样日期：2015 年 01 月 07 日			
	COD_{Cr} (mg/L)	氨氮 (mg/L)	总磷 (mg/L)	SS (mg/L)
沉淀池出口	928	348.3	50.34	69
标准限值	400	80	8.0	200
备注	根据《畜禽养殖业污染物排放标准》(GB18596-2001)表 5 中标准限值，沉淀池出口废水超标，其中 COD_{Cr} 超标 1.32 倍，氨氮超标 3.35 倍，总磷超标 5.29 倍，SS 达标。			

地表水检测结果表

样品名称	收样日期：2015 年 01 月 07 日			
	COD_{Cr} (mg/L)	氨氮 (mg/L)	总磷 (mg/L)	SS (mg/L)
杨梅溪（猪场排放口劳桥下）	14	0.702	0.380	19
标准限值	20	1.0	0.2	/
备注	根据《地表水环境质量标准》(GB3838-2002)表 1 中Ⅲ类标准限值，杨梅溪（猪场排放口劳桥下）地表水超标，其中总磷超标 0.9 倍，COD_{Cr}、氨氮达标。			

本组证据综合意见：

第一，以上证据1~5和证据6印证：被告生猪存栏300头左右，属规模化养殖场，应当办理环评手续。

第二，以上证据1~5印证：被告没有环评手续，违法排污。沉淀池出口废水超标，其中CODcr超标1.32倍，氨氮超标3.35倍，总磷超标5.29倍，SS达标。污染了濯田河水质。

2. 被告养猪场建在禁养区林地上的事实

证据：6	
名称/页数/种类/来源/页码	《古城镇人民政府关于养殖业"二区规划及治理意见"》(古政[2013]68号)复印件，共3页，书证，长汀县环境保护局提供，113。
证明/说明对象	其他河道两岸500米范围内为禁养区。
材料内容摘要：	

二、禁养区、限养区的划定范围

(一)禁养区的划定

1、重点流域赣江流域的古城河道两岸1000米，其他河道两岸500米范围内；铁路、高速路、国道、省道沿线1000米范围内。

2、规模化养殖场必须于2013年12月前办理环评审批等相关手续，未予办理的实施搬迁关闭。

3、生猪存栏50头以上的规模养殖场，必须按每头生猪存栏配备0.4立方米沼气池、6平方米氧化塘、0.2亩的标准配套吸纳地，出栏数10头/立方米相应的储粪间(棚)、20—80立方米的化尸池。实行种、养、竹山、林地结合的生态养殖模式，有效削减污物总量，鼓励采用先进、可行、高效的污染治理工艺、设备，实现达标排放或零排放。

证据：7

名称/页数/种类/来源/页码	现场照片原件，共 1 页，书证，原告制作，116。
证明/说明对象	被告养猪场原地为林地，位于灈田河边 2～3 米。

材料内容摘要：

证据：8

名称/页数/种类/来源/页码	报告和证明原件，共 3 页，书证，原告制作，117。
证明/说明对象	被告养猪场于 1998 年在本村林地上兴办。

材料内容摘要：

　　　民：兰　　系古城镇　　溪村船平组村民，于一九九八

年响应镇政府号召，多种多养，在石桥头（中磺路口）建有

养猪场一座，占地面积 1300 多平方米，因当时取得古城镇

> 兹□□镇上蕉村村民刘□□和朋友兰□□于 2000 年响应长汀县委、县政府号召，在本村林光地合伙兴办养猪场一□□□□□□□□

本组证据综合意见：

以上证据 6~7 印证：

被告养猪场建在畜牧养殖业禁养区林地上，位于濯田河边 2~3 米。

制作人：吴某某律师

修订时间：2015 年 4 月 10 日

原告：福建省绿家园环境友好中心

法定代表人：邓某某

法定代表人签名：

年 月 日

民事调解书
（摘录）

原告福建省绿家园环境友好中心及支持起诉单位长汀县环境保护局、中国政法大学环境资源法研究和服务中心与被告兰某某水污染责任纠纷公益诉讼一案，龙岩市中级人民法院在报请福建省高级人民法院批准后，于 2015 年 5 月 7 日裁定将该案交由本院审理，本院于 2015 年 5 月 8 日受理后，依法组成合议庭公开进行了审理。

原告福建省绿家园环境友好中心及其委托代理人吴某某、鲁某，支持起诉单位长汀县环境保护局委托代理人刘某某、中国政法大学环境资源法研究和服务中心委托代理人祝某某，被告兰某某及其委托代理人饶某某到庭参加诉讼。本案现已审理终结。

原告诉称，1998年，被告未办环评手续，在古城镇杨梅溪村汀四公路旁28公里处（中磺路口）占用林地建养猪场一座，养猪废水排入濯田河。根据《检测报告》（JB-NHJC-2015-J-003），被告养猪废水 CODcr 超标1.32倍，氨氮超标3.35倍，总磷超标5.29倍。现被告养猪场所在地为汀江源国家级自然保护区范围。

被告破坏生态、污染环境损害社会公共利益的行为：一是被告改变林地用途兴建养猪场，不仅占用林地本身丧失了生态功能，而且影响到了汀江源国家级自然保护区生态环境功能的整体性。二是被告将超标养猪废水排入濯田河，污染了河流水质。故根据《中华人民共和国水污染防治法》第17条、《中华人民共和国环境保护法》第58条、《中华人民共和国侵权责任法》第15条等规定，特请求：一、判决被告立即停止向濯田河排放养猪废水。二、判决被告2个月内拆除现养猪场占地范围的地上建筑和地下基础，对沼气池、氧化塘和猪圈粪便进行无害化清理，恢复原地植被。三、被告不能按第2项请求2个月内恢复原地植被的，赔偿原地生态环境修复费用5万元，由原告用该款恢复原地植被。四、判决被告承担诉讼费、评估或鉴定费、原告律师费和工作人员差旅费等实际支出。

被告兰某某辩称：一、被告建养猪场有其特殊的历史背景：1998年被告响应政府号召，进行大种大养，为我县菜篮子工程做贡献。二、被告建养猪场的地点不是林地，不在汀江源自然保护区范围内。三、庭审前，被告已经停止生产经营，已自行拆除部分建筑物。四、被告在养猪场建有沼气池，氧化塘，排出的废水不会污染水质。五、地上建筑物拆除后，猪粪的危害不具有长久性。六、原告提出在2个月内恢复原地植被不符合客观规律和自然规律。七、原告要求被告赔偿生态环境修复费用，由原告代为修复，没有法律依据。

经审理查明：被告兰某某于1998年在未办理环评手续的情况下，在长汀县古城镇杨梅溪村汀四公路旁28公里处建养猪场一座，养猪废水排入濯田河：既破坏生态、也污染环境。

本案在审理过程中，经本院主持调解，双方当事人自愿达成协议如下：

一、被告兰某某于本调解协议签订之日起10日内停止其位于长汀县古城镇杨梅溪村汀四公路旁28公里处（中璜路口）养猪场的养殖及向濯田河排放养猪废水。

二、被告兰某某于2015年6月20日前（按长汀县人民政府文件汀政综［2015］123号"长汀县人民政府关于印发长汀县2015年生猪养殖污染专项整治工作方案的通知"要求）自行拆除其位于长汀县古城镇杨梅溪村汀四公路旁 28 公里处（中璜路口）养猪场占地范围的土地上的建筑物和构筑物等，同时对沼气池、氧化塘和猪场内的粪便等污染物进行无害化处理，并应通过畜牧局、环保局验收。如逾期未自行拆除并通过验收，由法院委托有资质的专业机构完成上述工作，所需费用由被告兰某某负担。

三、被告兰某某于 2016 年 5 月 30 日前在该猪场占用土地上种植适宜植物，以恢复该土地的植被，并应通过林业局、环保局验收，防止水土流失造成危害。如逾期未完成恢复原地植被并通过验收的，法院将委托有资质的专业机构完成恢复原地植被工作，所需费用由被告兰某某负担。

四、原告福建省绿家园环境友好中心因诉讼所支出的律师费 8000 元，差旅费 20 000 元，合计 28 000 元，如被告兰某某自动履行本协议，上述费用由原告自行承担。如被告兰某某不能自动履行本协议，由被告兰某某支付。

五、本案案件受理费 1050 元，原、被告各负担人民币 525 元。

上述协议内容已由本院根据最高人民法院《关于审理环境民事公益诉讼案件适用法律若干问题的解释》第 25 条第 1 款的规定进行公告了 30 日。经审查，其内容未违反法律规定，也未损害社会公共利益，本院依法予以确认，并出具调解书。

本调解书自双方当事人签收后即具有法律效力。

肆

办案笔记

2014 年底，绿家园接到了案件的投诉信息，林主任于 2015 年 1 月带着案件材料前往北京，找到了自然之友的葛老师、CLAPV（中国政法大学污染受害者法律帮助中心）的吴律师沟通交流，咨询这个案件的可诉性和被告的执行能力，以及提起环境公益诉讼未来是否会给环境带来改善，并得到了自然之友、CLAPV 的支持。

2015 年 3 月 25—26 日，林主任同志愿者律师一同前往长汀县进行调研、取证，并与长汀县环保局就案件情况进行了座谈，后在县环保局带领下，前往兰某某的养猪场进行实地考察，并与县环保局的刘队长一同对兰某某进行了询问，同时劝导其停止污染水源、破坏环境的行为，希望其配合此

绿家园团队与长汀县环保局在现场考察。

次环境公益诉讼，修复已遭破坏的环境。经此次的走访、会谈与前期的多次电话沟通，2015 年 3 月 27 日，长汀县环境保护局确定作为本案的支持起诉单位。

2015 年 4 月 13 日，在准备好所有起诉材料后，谁去龙岩向法院递交这份第二案的公益诉讼起诉材料成了难题，那时候绿家园还没有专职的法务人员，林主任开始向志愿者发出招募，后来福建闽润律师事务所的黄重取律师表示愿意帮忙，他派遣单位的许伟彬志愿者，帮助把起诉材料顺利递交到了福建省龙岩市中级人民法院。在立案期间，4 月下旬，兰某某先后两次致电绿家园时任法人，先加以胁迫，后以协商的态度要求撤诉。5 月 7 日，绿家园收到福建省龙岩市中级人民法院民事裁定书，该水污染责任纠纷案交由长汀县人民法院审理。5 月 27 日，绿家园收到长汀县人民法院传票，传唤于 2015 年 6 月 5 日上午 9 时到长汀县人民法院第一法庭开庭。

在开庭的前一日，绿家园的委托代理人吴律师和鲁律师，同中国政法大学环境资源法研究和服务中心的祝律师，一同前往长汀县人民法院丘庭长的办公室，了解被告的调解意愿、调解内容，并对即将在本案出庭，对案件所涉及专业问题进行解释说明、提出意见的郑高级工程师做了适当的庭前辅导。

2015 年 6 月 5 日上午 9 时，案件在长汀县人民法院第一法庭开庭审理。长汀县人民检察院、环保部门、林业部门等及多家媒体单位出席旁听。

长汀县人民法院首次对庭审同时进行网络视频和微博直播。

庭审中，绿家园当庭出示了污染现场视频、检测报告等证据，将养猪场周围被破坏的生态环境展现在公众面前。原告认为被告将养猪场建立在国家级自然保护景区，污染了大气和水源，破坏了当地生态平衡。专家证人当庭陈述，其曾到过养殖场采集靠近沼气池的河流水源、下游水源各两份数据并送检，送检的结果表明被告养猪场排放的废水污染了濯田河，使河水氨氮超标 3.35 倍，总磷超标 5.29 倍。

被告对原告提出的证据基本没有异议，其承认未办理环评手续，养猪场排放的废水对河水和生态环境造成了污染。对于原告要求其赔偿原地生态环境修复费 5 万元的诉讼请求，被告表示不愿赔偿，只同意在养猪场拆除后的土地上补种植物，恢复植被。

面对环境公益诉讼中不可避免的技术难题，长汀县人民法院推行公益诉讼专家咨询和专家陪审机制。在开庭审理前，合议庭法官多次就河水的水质、检测标准、污染的依据等专业问题咨询县水保站、环保局有关专家的意见，同时，法院专门邀请专家型陪审员黄高工参与该案审理。专家参与，对于提升公益诉讼的社会公信力，具有不可替代的作用。

经法庭主持调解，原被告双方当庭达成协议，确定兰某某于签订协议后 10 日内停止养殖和排污；2015 年 6 月 20 日前拆除养猪场地面建筑物并进行无害化清理；2016 年 5 月 30 日前对养猪场所占用的土地进行植被恢复。该调解协议需公告 30 日，如果协议内容未损害社会公共利益，法院将依法出具调解书。该案也是全国首例结案且当庭达成调解的环境公益诉讼。部分省、市、县人大代表、政协委员，人民陪审员、法院监督员、生态建设联动机制单位人员等近百人旁听了庭审。此外，长汀县人民法院在该案庭审中首次通过福建法院网和新浪微博进行视频与图文直播，近两个小时的庭审中，视频、微博观看量达 3.8 万人次，转发 3900 条次，评论 2200 条。长汀县人民法院的吴副院长说道，今后凡是群众关注度高、社会影响面大的案件，都尽可能进行庭审直播，主动接受群众监督，也让群众从中得到教育。

伍

多方观点及案件评析

丘成发庭长：促进了长汀社会各界对环保问题的关注

"这是修改后的《环境保护法》实施以来，全国首例畜禽养殖污染环境公益诉讼且当庭达成调解协议的案件。"该案审判长、长汀县人民法院生态资源审判庭丘庭长在庭审后接受采访时说，"环境公益诉讼的调解以不得损害社会公共利益为前提，其不仅能快速解决纠纷，使环境污染问题得到有效解决，而且被告自愿接受调解，一般会积极主动履行义务，社会公共利益能够得到及时有效的填补，可谓是多赢的结果。本次诉讼的公开审理促进了长汀社会各界对环保问题的关注，社会效益很大。"

祝文贺律师：对破解很多环保维权困局有着重要的意义

一起诉讼比几百篇论文更有效，新《环境保护法》进一步明确了民间环保公益组织可以依法提起公益诉讼，环境公益诉讼主体的扩大对破解很多环保维权困局有着重要的意义，对唤醒环境保护意识和法制意识有更好地促进作用。

吴安心律师：对今后的司法实践具有引导意义

提起破坏生态类的环境民事公益诉讼案件，诉讼目的是恢复植被，有别于以往的污染环境类案件。修改后的《环境保护法》首次将破坏生态行为纳入环境公益诉讼范围，此案是依据修改后的《环境保护法》立案开庭的全国首例畜禽养殖水污染环境公益诉讼案，对今后的司法实践具有引导意义。

根据最高人民法院、民政部、环境保护部《关于贯彻实施环境民事公益诉讼制度的通知》，环境民事公益诉讼当事人达成调解协议或者自行达成和解协议的，人民法院应当将协议内容告知负有监督管理职责的环境保护主管部门。相关部门对协议约定的修复方式有意见和建议的，应及时向人民法院提出。对生态环境损害修复结果，人民法院必要时可以商请负有监督管理职责的环境保护主管部门协助审查。本案调解协议规定，被告拆除养猪场占地范围的土地上的建筑物和构筑物后，要对场地进行无害化处理，并应通过畜牧局、环保局验收。并在该养猪场占用土地上种植适宜植物，以恢复该土地的植被，并应通过林业局、环保局验收，防止水土流失造成危害。因此本案明确生态环境修复方式和结果的审查机关是畜牧局、林业局，方便协议履行中的实际操作。该调解协议对今后民间环保组织运用环境民事公益诉讼手段参与畜禽养殖面源污染治理有一定的参考意义。

福建绿家园林英女士：以个案推动区域的环境治理

长汀县生猪存栏50万头，200头以上的养猪场超过500

家，生猪养殖产生的污水严重超过全县环境容量。而该案一是生猪养殖场建立在汀江源国家级自然保护区红线内，二是畜牧养殖粪便污水直排汀江母亲河上游，更是极端。因此，通过该案去推动该区域的环境治理迫在眉睫。

陆
案件已执行现状与后续监督

2016 年 5 月 23 日，距案件调解协议约定的执行截止日期"5 月 30 日"还有一星期时，绿家园两名工作人员及代理律师会同长汀县人民法院生态资源审判庭侯副庭长、长汀县环保局执法大队刘队长，一同前往案件现场考察执行情况。

从远处的桥上望去，厂房仅剩下一间用于看护树种。

抵达现场时猪栏已全部拆除完毕。被告于2016年的3月、4月、5月期间分批次先后种植经济作物柚子树苗100株左右。原养猪场的建筑物只剩原养猪时的厨房及生活用的房屋，兰某某表示将来种植的柚子树成熟后需要有人照看管理，该房屋不拆除将继续利用。

现场仍留有拆除猪栏留下的碎石瓦砾等建筑垃圾尚未全部清理干净，被告表示树苗的成长需要一定时间，建筑垃圾的堆放对树苗的生长尚不会构成影响，将在不影响树苗成长的前提下逐步清除。

拆除猪栏留下的碎石瓦砾有待全部清除。

原位于濯田河畔养猪用的沼气池、氧化塘已清理但未拆除，被告表示可以充分利用该池在河畔的位置优势，用于柚子树的灌溉及蓄水工程。除了柚子树外，被告在原养猪场与汀四公路交界处种植了两排约12棵桂花树，用于区分隔离柚子树林与公路，同时起到美化环境的效果。

12棵桂花树，用于区分隔离柚子树林与公路。

原来的沼气池、氧化塘用于给柚子树蓄水灌溉。

　　对照调解协议的内容，被告积极完成了部分要求。柚子树苗需要4年至5年时间进入结果期，对于种植经济作物对已被破坏生态的修复效果，绿家园也将持续关注与跟进。

新种植的柚子树苗。

第三案 金融的生态责任
——湖北宜城市水污染案

胡环宇（编写）

案例评述

由包括商业银行在内的贷款人因其放贷行为而承担环境法律责任，在国际司法实践中早已不是新鲜事。或者更准确地说，在美国司法实践中，从未禁止或限制过商业银行承担环境侵权责任的可能性。无论是污染企业还是商业银行，只要因其行为而最终导致侵权后果的，都应当承担相应的环境责任。美国《超级基金法案》也就商业银行在何种情形之下应当承担责任，以及可能的免责事由作了详细的规范。

不仅是商业银行，如世界银行集团之下的国际金融公司（IFC）这样的多边金融机构也因其投融资活动引起的环境侵权纠纷而不断被挑战。2019 年 2 月，美国最高法院大法官作出裁决，裁定 IFC 无权对受其项目影响的印度社区民众提起的诉讼享有绝对豁免权。此裁定在国际金融机构产生了巨大的震动和反响，包括世界银行和亚洲开发银行在内的相关国际金融机构内部相继进行研讨，分析该诉讼对金融机构跨境投融资活动可能带来的深远影响。

但在我国司法实践中，本案系第一起将商业银行作为环境侵权案件的共同被告诉至法院的环境公益诉讼。本文详细地介绍了这起诉讼的背景信息、起诉理由、诉讼过程以及对未来立法活动可能带来的影响。阅读本文可以帮助你详细地了解，在法治的长河中，前沿性、开拓性的环境公益诉讼给我国环境法治建设所带来的积极意义，以及背后推动这些案例的环保组织为之付出的艰辛努力。

在此借用 IFC 案件原告律师的话来阐述本案的意义，法院对此类案件的支持于保护环境和人类的福祉具有重要意义，它结束了金融机构忽视其投资活动对环境与社会的不利影响却可逍遥法外和有罪不罚的现象，其结果将迫使国内金融机构和国际金融组织更加谨慎地为其提供的投融资项目进行有效的指导与监督。

——刘金梅　自然之友总法律顾问

壹

污染的发现

汉江是长江最大的支流，发源于秦岭南麓，流经陕西、湖北两省，在武汉汇入长江。汉江在我国历史上具有重要的地位，与长江、淮河、黄河并称"江淮河汉"，浇灌了汉中平原、襄阳—宜城平原、唐白河平原和下游平原，养育了沿江流域无数的中华儿女。

汉江及其支流承担着饮水、灌溉、航运、水电蓄能及提供生态服务等诸多功能，是沿岸百姓的"母亲河"，却因为经济的快速发展，面临着越来越严峻的环境压力和挑战。

2018年初，福建省绿家园环境友好中心根据志愿者提供的线索，赴汉江支流莺河调研时发现，汇入莺河二库的南干渠上游，有一股山涧泉水周边受到严重污染，水流中的养殖废弃物冲击沿岸土壤，在泉水周边形成了一滩一滩的死水潭，气温稍高时便恶臭难闻。调研人员通过对周边环境的详细勘察，最终将污染源头锁定为宜城市襄大农牧有限公司板桥东湾原种猪场，该养殖场的养殖废水经污水站处理后，由排污管道排入流经厂区的泉水，造成了沿岸的污染现状。这股泉水最终汇入南干渠，携污染物流入莺河二库中，进一步威胁着莺河下游及汉江干流的水系环境。经多方查证，板桥东湾原种猪场建设项目通过了包括环境影响评估报告批复在内的各项审批手续，却没有完成环保竣工验收，到目前为止的生产和排污行为均属违法行为，但未在公开渠道找到宜城市襄大农牧有限公司（以下简称"襄大农牧"）的行政处罚记录。

襄大农牧板桥东湾原种猪场建设项目，于2013年4月3日获得环评批复，在该项目的环境影响报告中，相关责任人承诺该项目产生的废水将经污水站处理，然后全部通过农田灌溉设施灌溉农田，避免直接排入地表水体和地下。项目的设计方案中包含了《农田灌溉方案》，根据该方案，项目方将于2012年12月底建成污水灌溉暂存池、输配水管道、给水栓、闸阀、三通、泵站（高低压线路、配电设施）等农田灌溉设施。

畜禽养殖项目中，养殖废弃物的处理是环境管理的重要环节。宜城市板桥东湾原种猪场产生的养殖废弃物，主要混杂着猪的尿液、粪便、饲料残渣与其他污水，系固体废弃物与废水混合，成分复杂，将上述废弃物处理到可以直排的净水成本较高，故而可按照《农田灌溉方案》处理。一方面可以使猪场的生产废水得到综合利用，另一方面可以使灌溉地的旱地农田变为保浇水地，增加粮食产量，本是一举两得的好事。然而该项目自 2012 年底建成投产至今，目前仍未根据其环境影响报告的设计方案建设农田灌溉设施，也未通过环保竣工验收，生产产生的大量养殖废水只经过了污水站的初步处理，便直接经由场门口的泉水口排入地表泉水，造成了前述触目惊心的水污染情形。

废水沿山涧泉水顺流直下，流往莺河二库，汇入汉江。

基本掌握上述污染事实后，福建绿家园对本案展开了深入的调查。在进一步调查中发现，在襄大农牧生产经营期间，中国农业银行宜城市支行和湖北宜城农村商业银行共同向襄大农牧发放了流动资金贷款，支持其畜牧养殖生产。根据法律规定，此类未通过环保竣工验收的项目，其开展的生产活动属违法生产。上述两家银行违反贷款人的合规审查义务，在襄大农牧违法生产的情形下，仍向其发放流动资金贷款，支持其生产活动，从其违法生产所得中获取贷款利息盈利，客观上造成了污染后果的持续和扩大，其行为存在明显过错，因此与襄大农牧构成共同侵权，依法应当承担连带责任。

2016 年 8 月，中国人民银行等七部委联合印发了《关于构建绿色金融体系的指导意见》，对于有效地抑制污染性投资，构建绿色金融体系，促进环保、新能源、节能等领域的技术进步具有重要意义。本案例中银行对污染企业的资金支持正是违背该指导意见的典型行为。

在调研过程中，福建绿家园的工作人员目睹了污染区域触目惊心的现状，见证了违法企业无视长远环境影响、只图眼前利益造成的严重后果。水生态环境具有多种生态功能，其生态稳定性也脆弱易变，地表水系的污染降解能力往往在上游水系更为脆弱。襄大农牧为了节省农田灌溉设施建设的小额投资，将成本转嫁给外部生态环境，殊不知这种行为会对下游生态环境乃至汉江水体造成严重的生态威胁，因此受损的公共利益实际上远远大于其本应投入的环保设施的成本。还有很多像襄大农牧一样的企业，他们往往漠视公共利益，贪婪而短视地追求眼前的经济利益，枉顾环境保护的基本国策，对自己造成的环境破坏视若无睹。而中国农业银行宜城市支行和湖北宜城农村商业银行，未尽审查义务，为企业实施污染行为提供了资金，让污染企业更加肆无忌惮。福建绿家园作为一家长期致力于生态环境保护与环境文化传播等非营利性社会服务活动的环保公益组织，面对这样明目张胆的污染行为，经多方面调研与沟通，最终选择了运用法律武器来维护公共利益，不仅是为了解决本案例中的污染问题，更是为了警醒更多有类似潜在风险的企业。

2018 年 6 月 6 日，福建绿家园向湖北省十堰市中级人民法院正式提交了《民事起诉状》及证据材料。一个月后，按照《关于构建绿色金融体系的指导意见》的相关要求，福建绿家园进一步向法院提交《追加被告申请书》，申请将中国农业银行股份有限公司宜城市支行、湖北宜城农村商业银行股份有限公司追加为本案共同被告。作为首例在环境公益诉讼案件中追加商业银行为共同被告的典型案例，明确在投融资决策中环境保护应该始终作为一项基本原则。

贰

被破坏的环境

宜城市位于湖北省西北部、汉江中游，汉江宜城境段，俗称大河。境内河段长 59 公里，流域面积 2113 平方公里，水能蕴藏量达 12 540 千瓦，最大洪峰流量达 52 400 立方米每秒，为境内最大河流。汉江支流中，莺河又称南泉河，汇纳大小河流 23 条，流域面积 403.9 平方公里。于上游宜城、枣阳交界处建有大型水库——莺河一库，于马头山东建有中型水库——莺河二库；下游建有小（二）型水库 7 座。水能蕴藏量 1776 千瓦，已利用面积 302.6 平方公里，占整个流域面积的 79.6%。整条水系几乎覆盖了整个宜城市面积，两岸人民依托着丰富的水资源在沿岸生产生活，建设起了以汉江中段为核心的生产生活体系，这一体系也保障着沿岸居民的日常用水。

为保证农业生产，宜城境内除了自然水体交错成网，还建设了大量的灌溉干渠。襄大农牧原定的环境管理方案中，处理后的污水将由直线距离约 1500 米的南干渠顺流而下，流向板桥店镇，通过农用灌溉设施灌溉沿线农田。这一方案本是国家倡导的生态农业综合利用的方式，但却因为襄大农业未按照法律规定执行该方案，导致污水直接从板桥东湾原种猪场门口的泉水口排出，汇入南干渠上游泉水，导致流向南干渠的泉水周边都有不同程度的粪污迹象，沿途随水流冲击积淀了大量淤泥状污染物，水中几无鱼虾。据当地居民反映，夜间时段，该公司下游河段常有臭味加重的情况，是因其在夜间大量偷排而致。另外早年间，附近居民曾用该被污染的泉水浇灌农田，庄稼偶有死亡的现象，近年此情况未再发生。

畜牧养殖过程中产生的粪尿排泄物及废水中含有的有机物、氮、磷、悬浮物及致病菌污染物量大而集中，产生恶臭。这些污染物如果不按国家标准依法进行处理，必然会对周围的水源、土壤和空气造成严重污染。但与此同时，因猪粪中含大量氮磷元素，即使经过初步处理达到灌溉标准，水体也会富营养化，如直接进入地表水系，会直接污染地表水，使藻类等浮游生物大肆繁殖疯长，导致水中溶解氧含量降低并产生多种毒素，直接影响鱼类生长；更严重的会造成地下水污染。养猪生产活动中，经常会用到抗生素、激素类物质，其直接排入地表水系后更是隐患重重，如果污染了饮用水源，后果不堪设想。

长期排放的养猪废水在流经工厂的泉水下游沉积，形成了干枯的污染物沉淀。

由于上述原因，规模化的畜牧业在全球都面临着占用大量土地、环境成本高等挑战。企业知晓规模养殖场会给环境带来很多的压力和风险，养殖产业因其自身对外部环境的高依赖性，故外部环境的不断恶化也可能对规模养殖场的防疫工作以及畜群的商品品质造成负面影响，从而增大规模养殖场的投入成本。虽然清楚风险，但是大多数企业依然难以克服其追求节约成本和眼前短期利益的冲动。襄大农牧因为其自身的利益，给汉江襄阳段和下游的集中饮用水源安全带来了严重的威胁，并给长江中下游流域水环境质量带来极大的压力。环境破坏起来容易但修复起来困难，且环境修复需要耗费的经济和时间成本也是难以估量的。

叁

案件起诉过程材料呈现

2018 年 6 月，福建绿家园依法就襄大农牧的环境违法行为向湖北省十堰市中级人民法院正式提起环境民事公益诉讼。本案的诉讼过程多有波折，现将诉讼过程中的部分材料摘列如下，包括《民事起诉状》《证据材料目录》《追加被告申请书》《变更诉讼请求申请书》《支持原告起诉意见书》《管辖权异议答辩书》《民事裁定书（管辖权异议）》《民事上诉状》《二审答辩状》及《民事裁定书》，以期更全面地展现案件事实、环境公益诉讼的过程及其中面临的种种挑战。

一、民事起诉状

民事起诉状

原告：福建省绿家园环境友好中心，住所：略，邮政编码：略。

法定代表人：林某某，职务：主任。

被告：宜城市襄大农牧有限公司，住所：略，邮政编码：略，统一社会信用码：略。

法定代表人：张某某，联系电话：略。

诉讼请求：

一、判决被告立即停止外排养殖废水。

二、判决被告赔偿生态环境修复用暂定1300万元（最终以环境损害评估鉴定金额为准，支付到法院指定账户），该款用于襄阳市汉江流域水生态环境治理或者环境宣传教育活动。

三、判决被告赔偿生态环境受到损害至恢复原状期间服务功能损失暂定2500万元（最终以环境损害评估鉴定金额为准，支付到法院指定账户），该款用于襄阳市汉江流域水生态环境治理或者环境宣传教育活动。

四、判决被告通过襄阳市人民政府门户网站、襄阳电视台、襄阳日报向全市人民群众承认错误，赔礼道歉。

五、判决被告赔偿我单位因本案诉讼实际支出的专家辅助人咨询费、环境损害评估鉴定费、检测费、律师费、工作人员和律师差旅费等暂定200万元（最终以一审辩论终结前诉讼实际支出为准）。

六、判决被告承担本案诉讼费用。

事实和理由：

我单位是在福建省民政厅登记注册的民办非企业单位，宗旨是遵守国家的宪法、法律、法规和国家政策，遵守社会道德风尚，普及公民环境保护意识，保护生态环境与生态平衡，倡导绿色消费，促进社会、环境、生态、经济和谐的可持续发展。业务范围是保护生态环境、传播环境文化、开展学术技术交流。我单位专门从事环境保护公益活动连续五年以上且无违法记录。对污染环境、破坏生态，损害社会公共利益的行为有权提起公益诉讼。

我单位调研汉江水污染发现，被告板桥东湾原种猪场建设项目位于宜城市板桥店镇东湾村，经营畜禽养殖。根据该项目环评报告和批复规定，该项目废水年产生量198 459吨，经污水站处理后达到《污水综合排放标准》（GB8978-1996）表4中一级标准，浓度须低于《畜禽养殖业污染物排放标准》（GB18596-2001）的限值，满足《农田灌溉水质标准》（GB5084-2005）旱作物标准要求，全部通过农田灌溉设施用于农田灌溉，不得排入地表水体和地下。该项目设计有《农田灌溉方案》，方案要求建设污水灌溉暂存池、输配水管道、给水栓、闸阀、三通、泵站（高低压线路、配电设施）等农田灌溉设施，工程投资概算为120万元，建成时间为2012年12月底。但被告违反该项目环评报告和批复规定，从 2013 年 4 月 3 日环评批复下达至今，被告没有建设农田灌溉设施，养殖废水经污水站处理后，经排污管道排入流经厂区的泉水，经南干渠流入莺河二库，最终流入汉江。被告违法外排养殖废水污染汉江水质。

汉江是襄阳市最主要的水系，是长江最大支流，是襄阳市最主要的生产、生活用水水源及纳污水体。被告违法外排养殖废水给汉江襄阳段和下游的集中饮用水源安全带来威胁，给长江中下游流域水环境质量考核带来极大的压力。因此，保护汉江水生态环境，既是襄阳市实现经济、社会和环境的可持续发展的需要，也是基于保障长江中下游水生态安全的大局需要。

为保护汉江和长江中下游流域水环境，我单位根据《中华人民共和国环境保护法》第 45 条、《中华人民共和国水污染防治法》第 21 条、《襄阳市汉江流域水环境保护条例》第 11 条、《最高人民法院关于审理环境民事公益诉讼案件适用法律若干问题的解释》之规定，特向你院起诉。请法院支持我单位诉讼请求。

此致
十堰市中级人民法院

起诉人：福建省绿家园环境友好中心
2018 年 6 月 6 日

二、证据材料目录

证据目录一

（提交十堰市中级人民法院）

分组	序号	证据名称	证明对象和内容
第一组	1	原告登记证书	证明原告在福建省民政厅登记注册，业务范围是保护生态环境。
	2	组织机构代码证	
	3	法定代表人身份证明	
	4	法人代表人公民身份证	
	5	福建省民政厅民办非企业单位年度检查结论通知书（2012年至2016年）	证明原告最近5年开展环境保护公益活动情况，年度检查合格。
	6	章程	证明原告是专门从事环境保护公益活动的社会组织。
	7	声明书	证明原告自成立起无违法记录。
	该组证据证明原告符合《环境保护法》的规定，具有提起环境公益诉讼的主体资格。		
第二组	8	被告企业信用信息公示报告	证明被告诉讼主体资格。
	该组证据证明被告诉讼主体资格。		

续表

分组	序号	证据名称	证明对象和内容
第三组	9	襄阳市环境保护局政府信息公开申请答复书	证明环境影响评价报告书（报批版）和批复的真实性、合法性。
	10	关于宜城市襄大农牧有限公司板桥东湾原种猪场建设项目环境影响评价报告书（报批版）和批复（襄审批环评[2013]65号）	证明被告应当于2012年12月底建成农田灌溉设施，年产198 459吨废水经污水站处理达标后，通过农田灌溉设施用于农田灌溉，不得排入地表水体和地下。
	11	现场视频	证明被告向地表水体排放养殖废水，没有建设农田灌溉设施。
该组证据证明被告违法外排养殖废水，污染汉江水质。			

证据目录二

（提交十堰市中级人民法院）

分组	序号	证据名称	证明对象和内容
第一组	1	中国农业银行股份有限公司宜城市支行企业信用信息公示报告	证明原告在福建省民政厅登记注册，业务范围是保护生态环境。
	2	湖北宜城农村商业银行股份有限公司企业信用信息公示报告	
第二组	3	ABC（2012）2006最高额抵押合同，编号42100620150005035	证明被告农行宜城市支行于2015年6月8日之前，为被告宜城襄大农牧公司提供过流动资金贷款，宜城襄大农牧公司未偿本金为6200万元。2015年6月8日，双方签订最高额为9150万元的最高额抵押合同，借款金额为2900万元。
	4	中国农业银行股份有限公司流动资金借款合同，编号：42010120150002480	
	5	房地产抵押清单，编号：42100620150005035-1	

续表

分组	序号	证据名称	证明对象和内容
第二组	6	最高额抵押合同，编号：襄大农牧 20160105002 号	证明被告宜城农商银行于 2016 年 1 月 5 日之前，为被告宜城襄大农牧公司提供过流动资金贷款，被告宜城襄大农牧公司债务余额为 4000 万元。2016 年 1 月 5 日，双方又签订流动资金社团（银团）借款合同，借款金额为 2.9 亿元。
	7	流动资金社团（银团）借款合同	
	8	房地产抵押物清单	
	9	最高额抵押合同，编号：襄大农牧 20160830002 号	证明被告宜城农商业银行于 2016 年 8 月 30 日再次为被告宜城襄大农牧公司提供 2.9 亿元贷款。
	10	流动资金社团（银团）借款合同	
	11	不动产产权情况表	证明被告农行宜城市支行与被告宜城农商为被告宜城襄大农牧公司借款的抵押权人。

该组证据证明：被告农行宜城市支行与被告宜城农商银行为被告宜城襄大农牧公司提供流动资金贷款，支持被告宜城襄大农牧公司生产。

三、追加被告申请书

追加被告申请书

申请人：福建省绿家园环境友好中心，住所：略，邮政编码：略。

法定代表人：林某某，职务：主任。

被申请人：中国农业银行股份有限公司宜城市支行，住所：略，电话：略，统一社会信用代码：略，邮政编码：略。

负责人：覃某某。

被申请人：湖北宜城农村商业银行股份有限公司，住所：略，电话：略，统一社会信用代码：略，邮政编码：略。

法定代表人：梁某某。

请求事项：

追加中国农业银行股份有限公司宜城市支行、湖北宜城农村商业银行股份有限公司作为你院福建省绿家园环境友好中心与宜城市襄大农牧有限公司（板桥东湾原种猪场建设项目）污染环境公益诉讼一案的共同被告参加诉讼。

事实与理由：

我单位进一步调查发现，宜城市襄大农牧有限公司（以下简称"宜城襄大农牧公司"）生产过程中，中国农业银行股份有限公司宜城市支行（以下简称"农行宜城市支行"）、湖北宜城农村商业银行股份有限公司（以下简称"宜城农商银行"）分别向宜城襄大农牧公司发放流动资金贷款，支持其畜牧养殖生产。

其中，农行宜城市支行于2015年6月8日与宜城襄大农牧公司签订最高额抵押合同，编号：略，最高额担保债权期间为2015年6月8日至2018年6月7日，担保的债权最高余额为9150万元。在2015年6月8日之前，农行宜城市支行与宜城襄大农牧公司签订有三份借款合同，编号分别为：略，尚未受偿本金分别为1300万元、1800万元、3100

万元。而 2015 年 6 月 8 日，农行宜城市支行又与宜城襄大农牧公司签订流动资金借款合同，编号：略，借款金额为 2900 万元。

宜城农商银行于 2016 年 1 月 5 日与宜城襄大农牧公司签订最高额抵押合同，编号：略，最高额担保债权期间为 2016 年 1 月 5 日至 2019 年 1 月 5 日，担保的债权最高余额为 2.9 亿元。在 2016 年 1 月 5 日之前，宜城农商行与宜城襄大农牧公司签订有合同（略），债务余额为 4000 万元，起止日期为 2015 年 1 月 12 日至 2018 年 1 月 12 日。而 2016 年 1 月 5 日，宜城农商行又与宜城襄大农牧公司又签订流动资金社团（银团）借款合同，借款金额为 2.9 亿元。

2016 年 8 月 30 日，宜城农商行与宜城襄大农牧公司再次签订最高余额为 2.9 亿元的最高额抵押合同，期间为 2016 年 8 月 30 日至 2019 年 8 月 30 日。在 2016 年 8 月 30 日之前，双方签订有合同，编号分别为：略，债务余额为 19 440 万元，起止日期为 2016 年 1 月 5 日至 2017 年 1 月 5 日。2016 年 8 月 30 日，宜城农商行又与宜城襄大农牧公司签订流动资金社团（银团）借款合同，借款金额为 2.9 亿元。

宜城襄大农牧公司未建农田灌溉设施，未通过环保竣工验收，其生产活动违反环保法规定。农行宜城市支行、宜城农商银行违反贷款人合规审查义务，向宜城襄大农牧公司发放流动资金贷款，支持宜城襄大农牧公司违法生产，造成污染扩大、持续，存在过错，与宜城襄大农牧公司构成共同侵权,依法应当承担连带责任。

我单位根据《民法总则》第 8 条、第 9 条,《环境保护法》第 6 条,《侵权责任法》第 8 条,《流动资金贷款管理暂行办法》第 11 条之规定,申请追加农行宜城市支行、宜城农商银行作为共同被告参加诉讼,请人民法院支持我单位请求事项。

此致

十堰市中级人民法院

申请人:福建省绿家园环境友好中心

2018 年 7 月 9 日

四、变更诉讼请求申请书

变更诉讼请求申请书

申请人:福建省绿家园环境友好中心,地址:略,邮编:略。

法定代表人:林某某,职务:主任。

请求事项:

申请将你院福建省绿家园环境友好中心与宜城市襄大农牧有限公司(板桥东湾原种猪场建设项目)污染环境公益诉讼一案的诉讼请求:"一、判决被告立即停止外排养殖废水;二、判决被告赔偿生态环境修复费用暂定 1300 万元(最终以环境损害评估鉴定金额为准,支付到法院指定账户)

该款用于襄阳市汉江流域水生态环境治理或者环境宣传教育活动；三、判决被告赔偿生态环境受到损害至恢复原状期间服务功能损失暂定2500万元（最终以环境损害评估鉴定金额为准，支付到法院指定账户），该款用于襄阳市汉江流域水生态环境治理或者环境宣传教育活动；四、判决被告通过襄阳市人民政府门户网站、襄阳电视台、襄阳日报向全市人民群众承认错误，赔礼道歉；五、判决被告赔偿我单位因本案诉讼实际支出的专家辅助人咨询费、环境损害评估鉴定费、检测费、律师费、工作人员和律师差旅费等暂定200万元（最终以一审辩论终结前诉讼实际支出为准）；六、判决被告承担本案诉讼费用。"变更为："一、判决被告宜城市襄大农牧有限公司立即停止向地表水体排放养殖废水；二、判决三被告赔偿生态环境修复费用和生态环境受到损害至恢复原状期间服务功能损失暂定3800万元（最终以环境损害评估鉴定金额为准，支付到法院指定账户）该款用于襄阳市汉江流域水生态环境治理或者环境保护活动；三、判决三被告通过襄阳市人民政府门户网站、襄阳电视台、襄阳日报向全市人民群众承认错误，赔礼道歉；四、判决三被告赔偿我单位因本案诉讼实际支出的专家辅助人咨询费、环境损害评估鉴定费、检测费、律师费、工作人员和律师差旅费等暂定200万元（最终以一审辩论终结前诉讼实际支出为准）；五、判决三被告承担本案诉讼费用。"

事实和理由：

立案后，我单位进一步调查新发现，宜城市襄大农牧有限公司（以下简称"宜城襄大农牧公司"）生产过程中，中国农业银行股份有限公司宜城市支行（以下简称"农行宜城市支行"）、湖北宜城农村商业银行股份有限公司（以下简称"宜城农商银行"）分别向宜城襄大农牧公司发放流动资金贷款，支持其畜牧养殖生产（详见《追加被告申请书》和《证据目录二》）。

宜城襄大农牧公司未建农田灌溉设施，未通过环保竣工验收，其生产活动违反环保法规定。农行宜城市支行、宜城农商银行违反贷款人合规审查义务，向宜城襄大农牧公司发放流动资金贷款，支持宜城襄大农牧公司违法生产，造成污染扩大、持续，存在过错，与宜城襄大农牧公司构成共同侵权，依法应当承担连带责任。

于是，我单位向人民法院申请追加农行宜城市支行、宜城农商银行与宜城襄大农牧公司为本案共同被告。现我单位根据新发现的上述证据和事实向人民法院申请变更诉讼请求，请支持我单位请求事项。

此致
十堰市中级人民法院

申请人：福建省绿家园环境友好中心

2018 年 7 月 9 日

五、支持原告起诉意见书

中国政法大学环境资源法研究和服务中心 *
支持原告起诉意见书

湖北省十堰市中级人民法院：

贵院受理的原告福建省绿家园环境友好中心诉被告宜城市襄大农牧有限公司、中国农业银行股份有限公司宜城市支行、湖北宜城农村商业银行股份有限公司环境污染责任纠纷环境民事公益诉讼案件，根据《中华人民共和国民事诉讼法》第 15 条、《最高人民法院关于审理环境民事公益诉讼案件适用法律若干问题的解释》第 11 条等相关规定，中国政法大学环境资源法研究和服务中心（又称"污染受害者法律帮助中心"）通过向原告提供法律咨询、就案件提出参考意见、书面和出庭发表支持意见等方式支持原告依法提起本案环境民事公益诉讼，我单位支持的意见及理由如下。

中国政法大学环境资源法研究和服务中心，又称"污染受害者法律帮助中心"，成立于 1998 年 10 月。是经中国政法大学批准，司法部备案的民间环境保护团体。其成员由中国政法大学从事环境资源法研究和教学的教授、副教授为主，联合北京大学、清华大学、中国人民大学等十所高校和研究机构热心环境保护事业的法律和技术专家、学

---

* 又称"污染受害者法律帮助中心"。

者、律师和研究生兼职组成。由中国政法大学环境法教授王灿发先生任中心主任。中心通过组织热心环境保护事业的法律专家、学者、律师和环境管理与技术专家对中国环境资源立法及其实施问题开展专题研究、进行国际交流、对环境执法和司法人员及公众进行环境法知识的培训，普及环境资源法知识，提高公众的环境法律意识和中国的环境资源立法、执法水平；通过对污染受害者提供法律帮助的方式，维护污染受害者的环境权益，促进中国环境资源法的执行和遵守。

环境是人类赖以生存的各种自然因素的总体，切实保护和改善环境关系到人民群众生命健康、社会和谐安定和中华民族的永续发展。当前，我国面临环境污染严重、生态系统退化的严峻形势。对此，人民群众反映强烈，党中央高度关注。党的十八大把生态文明建设纳入中国特色社会主义事业"五位一体"的总体布局，并提出了"建设美丽中国"的美好愿景。十八届三中、四中全会分别通过的《决定》*，均强调用严格的法律制度保护生态环境。党的十九大报告进一步提出"加快生态文明体制改革，建设美丽中国""推进绿色发展"的部署要求。

为此，《中华人民共和国民事诉讼法》和《中华人民共和国环境保护法》相继规定了民事公益诉讼制度。2015 年 1

---

* 党的十八届三中全会通过的《中共中央关于全面深化改革若干重大问题的决定》；党的十八届四中全会通过的《中共中央关于全面推进依法治国若干重大问题的决定》。

月6日，最高人民法院公布了《最高人民法院关于审理环境民事公益诉讼案件适用法律若干问题的解释》，为符合起诉条件的社会组织提供了法律的指引，体现了最高人民法院为"建设美丽中国"运用"严格的法律制度保护生态环境"的决心。

汉江是襄阳市最主要的水系，是长江最大支流，是襄阳市最主要的生产、生活用水水源及纳污水体。原告经过调研汉江水污染发现，被告宜城市襄大农牧有限公司违反项目环评报告和批复规定，没有建设农田灌溉设施，养殖废水经污水站后，经排污管道排入流经厂区的泉水，经南干渠流入莺河二库，最终流入汉江，被告违法外排养殖废水污染汉江水质，给汉江襄阳段和下游的集中饮用水源安全带来威胁，给长江中下游流域水环境质量考核带来极大的压力。为保护汉江和长江中下游流域水环境，故原告提起本案环境民事公益诉讼，我中心支持原告提起本案，支持原告的诉讼请求和事实与理由。

一、根据《中华人民共和国民事诉讼法》《中华人民共和国环境保护法》《最高人民法院关于审理环境民事公益诉讼案件适用法律若干问题的解释》等规定，原告提起本案诉讼符合原告主体资格法定条件，有权提起环境民事公益诉讼。

二、根据我国环境保护相关法律规定，企业事业单位和其他生产经营者应当防止、减少环境污染和生态破坏，对所造成的损害依法承担责任。被告宜城市襄大农牧有限公司违反项目环评报告和批复规定，违法外排养殖废水污染汉江水质，给汉江襄阳段和下游的集中饮用水源安全带来威胁，对社会公共利益造成损害，故为维护社会公共利益，原告诉讼请求应当得到司法支持。

三、支持原告提交的追加被告申请和变更诉讼请求申请。《贷款通则》第24条对贷款人的限制，"……二、借款人有下列情形之一者，不得对其发放贷款……（四）建设项目按国家规定应当报有关部门批准而未取得批准文件的；（五）生产经营或投资项目未取得环境保护部门许可的"。国家环境保护总局、中国人民银行、中国银行业监督管理委员会《关于落实环保政策法规防范信贷风险的意见》（环发〔2007〕108号），"金融机构应依据国家建设项目环境保护管理规定和环保部门通报情况，严格贷款审批、发放和监督管理，对未通过环评审批或者环保设施验收的项目，不得新增任何形式的授信支持。"《中华人民共和国民法总则》第8条，"民事主体从事民事活动，不得违反法律，不得违背公序良俗。"第9条，"民事主体从事民事活动，应当有利于节约资源、保护生态环境。"《中华人民共和国侵权责任法》第8条，"二人以上共同实施侵权行为，造成他人损害的，应当承担连带责任。"第9条第1款，"教唆、帮助他人实施侵权行为的，应当与行为人承担连带责任。"第68条，"因第三人的过错污染环境造成损害的，被侵权人可以向污染者请求赔偿，也可以向第三人请求赔偿。污染者赔偿后，有权向第三人追偿。"《最高人民法院关于审理环境侵权责任纠纷案件适用法律若干问题的解释》第5条第1款和第2款,"被侵权人根据侵权责任法第68条规定分别或者同时起诉污染者、第三人的,人民法院应予受理。被侵权人请求第三人承担赔偿责任的,人民法院应当根据第三人的过错程度确定其相应赔偿责任。"

根据以上法律法规、司法解释和规定的内容,商业银行作为环境法律责任的主体是依法有据的。在环境污染对人类生存和发展造成威胁的当下,环境法律责任主体的扩大,已然成为趋势。企业因商业银行的融资行为导致侵害环境的能力扩大,是商业银行帮助企业实施了侵权行为,这种情况下,商业银行需要对环境侵权行为承担连带责任。

本案的被告宜城市襄大农牧有限公司未建农田灌溉设施,未通过环保竣工验收,其生产活动违反环保法规定。中国农业银行股份有限公司宜城市支行、湖北宜城农村商业银行股份有限公司违反贷款人合规审查义务,向宜城襄大农牧公司发放流动资金贷款,支持宜城市襄大农牧有限公司违法生产,造成污染扩大、持续,存在过错,与宜城襄大农牧公司构成共同侵权,依法应当承担连带责任。

四、原告作为非营利社会组织,支持起诉单位建议人民法院依法缓收、减收或免收原告诉讼费用,加大对原告的司法救助力度。

五、希望三家被告能够通过本案负起责任,增强环境保护意识,依法自觉履行应尽的环境保护义务。

生态环境事关民生福祉,美丽中国需要司法保护。

让我们树立和践行"绿水青山就是金山银山"的环保理念，坚持节约资源和保护环境的基本国策，像对待生命一样对待生态环境，统筹山水林田湖草系统治理，实行最严格的生态环境保护制度，形成绿色发展方式和生活方式，建设美丽中国。通过司法保护，为人民创造良好生产、生活环境。

发展绿色金融，是实现绿色发展的重要措施。通过本案，促进我国健全生态环境保护经济政策体系，大力发展绿色信贷、绿色债券等金融产品，有效防范环境与社会风险，通过司法保护，推动贷款人环境法律责任制度建立，形成支持绿色发展方式的激励机制和抑制环境污染行业贷款的约束机制，为坚决打好污染防治攻坚战提供坚实的典型案例支撑。

水、大气、土地、森林等自然因素是经济社会可持续发展的物质基础，关系人民群众身体健康，关系美丽中国建设，保护好各种自然因素构成的环境是推进生态文明建设和维护国家生态安全的重要内容。我中心支持原告福建省绿家园环境友好中心提起本案环境民事公益诉讼，望贵院依法审理支持原告的诉讼请求！

原告支持起诉单位：

中国政法大学环境资源法研究和服务中心

2018 年 7 月 25 日

中国生物多样性保护与绿色发展基金会
支持原告起诉意见书

依照《中华人民共和国民事诉讼法》第15条的规定，对你院受理福建省绿家园环境友好中心诉宜城市襄大农牧有限公司、中国农业银行股份有限公司宜城市支行、湖北宜城农村商业银行股份有限公司污染环境公益诉讼一案，本单位提出书面意见如下：

支持原告福建省绿家园环境友好中心的诉讼请求：一、判决被告宜城市襄大农牧有限公司立即停止向地表水体排放养殖废水；二、判决三被告赔偿生态环境修复费用和生态环境受到损害至恢复原状期间服务功能损失暂定3800万元（最终以环境损害评估鉴定金额为准，支付到法院指定账户）该款用于襄阳市汉江流域水生态环境治理或者环境保护活动；三、判决三被告通过襄阳市人民政府门户网站、襄阳电视台、襄阳日报向全市人民群众承认错误，赔礼道歉；四、判决三被告赔偿我单位因本案诉讼实际支出的专家辅助人咨询费、环境损害评估鉴定费、检测费、律师费、工作人员和律师差旅费等暂定200万元（最终以一审辩论终结前诉讼实际支出为准）；五、判决三被告承担本案诉讼费用。

事实和理由：

党的十九大报告提出，实施乡村振兴战略，要坚持农业农村优先发展，加快推进农业农村现代化。在实施乡村振兴战略的进程中，要以全域化美丽乡村建设为目标，给人民群众一个美好的生活环境。本案被告宜城市襄大农牧有限公司违反该项目环评报告和批复规定，从2013年4月3日环评批复下达至今，被告没有建设农田灌溉设施，没有通过环保竣工验收，养殖废水经污水站处理后，没有用于农田灌溉，经排污管道排入流经厂区的泉水，经南干渠流入莺河二库，最终流入汉江。被告违法外排养殖废水污染汉江水质，影响当地环境，是与我国党中央相关环境政策和环境法律规定严重背离的，对于被告污染环境的行为应予以严厉制裁。原告福建省绿家园环境友好中心对被告的违法行为进行调查并起诉的一系列法律行动，本单位表示支持。

关于原告福建省绿家园环境友好中心将中国农业银行股份有限公司宜城市支行、湖北宜城农村商业银行股份有限公司共同列为被告，本单位认为具有典型意义，有助于人民银行等七部委发布的《关于构建绿色金融体系的指导意见》在银行业推广，进而推动银行业把环境保护作为一项基本政策，并在投融资决策中考虑潜在的环境影响，推动银行业逐步建立银行绿色评价机制。

中国生物多样性保护与绿色发展基金会作为致力于维护公众环境权益和社会公共利益的专门环保组织，长期致力于推进对环境污染行为的法律制裁。本单位不仅对既定的污染事实、行为进行关注，更注重从源头遏止污染，采取多样化方式推进环境污染问题得到有效解决。对银行业，我会亦高度重视，强烈倡导通过绿色金融从源头上把控、预防污染环境的企业和项目落地。一旦在实践中发现有关金融机构向污染的企业和项目提供支持，我会亦将通过法律的方式进行阻止，并依法追究法律责任。因此，本案中国农业银行股份有限公司宜城市支行、湖北宜城农村商业银行股份有限公司在被告污染环境的建设项目中批准贷款时未能考虑潜在的环境影响，应当承担相应的环境法律责任。

综上，我会对本案进行支持起诉，并坚定不移和原告共同推动案件的进一步发展。

此致

十堰市中级人民法院

支持起诉单位：

中国生物多样性保护与绿色发展基金会

2018 年 7 月 18 日

六、管辖权异议答辩书

管辖权异议答辩书

答辩人：福建省绿家园环境友好中心，住所：略，邮政编码：略，法定代表人：林某某，职务：主任。

对宜城市襄大农牧有限公司（以下简称"宜城襄大农牧"）提出的管辖权异议，答辩如下：

2015 年湖北省高级人民法院下发的《关于全省法院环境资源审判模式与管辖设置方案的通知》已经被湖北省高级人民法院《关于环境资源审判模式与管辖设置方案的意见（试行）》废止。

湖北省高级人民法院《关于环境资源审判模式与管辖设置方案的意见（试行）》规定：湖北省内长江干线及支线水域水污染损害等环境民事公益诉讼案件由武汉海事法院负责管辖；十堰市中级人民法院负责管辖十堰、襄阳、随州区域内的环境民事公益诉讼案件。

环境民事公益诉讼集中管辖是地域管辖中的特殊情况。"长江干线及支线水域"是地域管辖概念，武汉海事法院地域管辖范围内的水污染损害由该院管辖。本案宜城襄大农牧违法生产排放养猪废水污染汉江，侵权行为发生地在襄阳宜城，由你院管辖。

故宜城襄大农牧依据废止的文件提出管辖权异议，应当裁定驳回。

此致
十堰市中级人民法院

申请人：福建省绿家园环境友好中心

2018 年 8 月 27 日

七、民事裁定书（管辖权异议）

湖北省十堰市中级人民法院
民事裁定书

（2018）鄂03民初150号

原告：福建省绿家园环境友好中心。住所地，略。

法定代表人：林某某，主任。

委托诉讼代理人：吴某某，湖北某某律师事务所（地址略）律师。

委托诉讼代理人：虞某某，湖北某某律师事务所（地址略）律师。

被告：宜城市襄大农牧有限公司。住所地，略。

法定代表人：张某某，董事长。

委托诉讼代理人：李某，该公司法务部员工。

委托诉讼代理人：黄某某，湖北某某律师事务所（地址略）律师。

原告福建省绿家园环境友好中心与被告宜城市襄大农牧有限公司水污染责任环境公益诉讼一案，本院于2018年6月27日立案。

原告福建省绿家园环境友好中心诉讼请求：1. 判决被告立即停止外排养殖废水；2. 判决被告赔偿生态环境修复费用暂定1300万（最终以环境损害评估鉴定金额为准），该款用于襄阳市汉江流域生态环境治理或者环境宣传教育活动；

3.判决被告赔偿生态环境受到损害至恢复期间服务功能损失暂定2500万元（最终以环境损害评估鉴定金额为准），该款用于襄阳市汉江流域生态环境治理或者环境宣传教育活动；

4.判决被告通过襄阳市人民政府门户网站、襄阳电视台、襄阳日报向全市人民群众承认错误，赔礼道歉；5.判决被告赔偿我单位因本案诉讼实际支出的专家辅助人咨询费、环境损害评估鉴定费、检测费、律师费、工作人员和律师差旅费等暂定200万元（最终以一审辩论终结前诉讼实际支出为准）；

6.判决被告承担本案诉讼费用。

事实和理由：

我单位是在福建省民政厅登记注册的民办非企业单位，专门从事环境保护公益活动连续五年以上且无违法记录，对污染环境、破坏生态、损害社会公共利益的行为有权提起公益诉讼。我单位调研汉江水污染发现，被告板桥东湾原种猪场建设项目位于宜城市板桥店镇东湾村，经营畜禽养殖。根据该项目环评报告和批复规定，该项目废水年产生量198 459吨，经污水站处理后达到《污水综合排放标准》（GB8978-1990）表4中一级标准，浓度须低于《畜禽养殖业污染物排放标准》（GB18596-2001）的限值，满足《农田灌溉水质标准》（GB5084-2005）旱作物标准要求，全部通过农田灌溉设施用于农田灌溉，不得排入地表水体和地下。该项目设计有《农田灌溉方案》，方案要求建设污水灌溉暂存地、输配水管道、给水栓、闸阀、三通、泵站（高低压线路、配电设施）等农田灌溉设施，工程投资概算为 120 万元，建成时间为 2012 年 12 月底。但被告违反该项目环评报告和批复规定，从 2013 年 4 月 3 日环评批复下达至今，被告没有建设农田灌溉设施，养殖废水经污水站处理后，经排污管道排入流经厂区的泉水，经南干渠流入莺河二库，最终流入汉江。被告违法外排养殖废水污染汉江水质。为保护汉江水生态环境和长江中下游水生态安全，依法向你院起诉，请予支持。

被告宜城市襄大农牧有限公司在提交答辩状期间，对管辖权提出异议，认为本案依法应移送至有管辖权的武汉海事法院管辖。根据《最高人民法院关于审理环境民事公益诉讼案件适用法律若干问题的解释》第 6 条第 1 款规定，第一审环境民事公益诉讼案件由污染环境、破坏生态行为发生地、损害结果地或被告住所地的中级以上人民法院管辖；第 7 条第 2 款规定，中级人民法院管辖环境民事公益诉讼案件的区域由高级人民法院确定。2015 年湖北省高级人民法院下发《关于全省法院环境资源审判模式与管辖设置方案的通知》规定：由武汉海事法院与汉江中级人民法院对全省公益诉讼案件实行跨行政区域审理。武汉海事法院负责其管辖湖北省内长江、长江支流水域水污染损害等环境公益诉讼案件的审判。由汉江中级人民法院负责省内长江、长江支流水域水污染损害以外的环境公益诉讼案件，具体包括大气、土地、湖泊、水库、森林、湿地、自然保护区、风景名胜区的环境污染生态破坏案件。《通知》规定对于环境资源非公益诉讼，在武汉、宜昌、十堰、汉江等设有专门环境资源审判庭的中级法院，采取民事行政二审合一模式，审理本辖区内水域、土壤、山林保护、污染责任纠纷损害赔偿，因污染发生行政争议而引起的行政诉讼等方面的普通环境保护类，一审民事、行政案件。本案系长江支流水域汉江水域水污染责任纠纷公益诉讼，应根据《关于全省法院环境资源审判模式与管辖设置方案的通知》等相关规定送至有管辖权的武汉海事法院负责审理，十堰市中级人民法院对本案无管辖权。

本院经审查认为，根据湖北省高级人民法院 2017 年下发的《关于环境资源审判模式与管辖设置方案的意见（试行）》（鄂高法办［2017］237 号文）规定：本规定自公布之日起试行，2015 年湖北省高级人民法院下发《关于全省法院环境资源审判模式与管辖设置方案的通知》（鄂高法办［2015］12号文）即行废止；湖北省内长江干线和支线水域污染损害等环境民事公益诉讼案件由武汉海事法院负责管辖；十堰市中级人民法院负责管辖十堰、襄阳、随州区域内环境民事公益诉讼案件。因此，本院对案涉襄阳下辖宜城市的水污染环境民事公益诉讼具有管辖权，被告对本案管指权提出的异议不成立。依照《中华人民共和国民事诉讼法》第 127 条第 1 款规定，裁定如下：

驳回被告宜城市襄大农牧有限公司的对本案管辖权提出的异议。

案件受理费用80元,由被告宜城市襄大农牧有限公司负担。

如不服本裁定,可在裁定书送达之日起十日内向本院递交上诉状,并按对方当事人的人数提交副本,上诉于湖北省高级人民法院。

审判长　王某某

审判员　谭某某

审判员　井某某

二○一八年十月八日

书记员　陶　某

八、民事上诉状

民事上诉状

上诉人:宜城市襄大农牧有限公司。住所地,略。

法定代表人:张某某,董事长。

被上诉人:福建省绿家园环境友好中心。住所地,略。

法定代表人:林某某,主任。

上诉人不服湖北省十堰市中级人民法院作出的(2018)鄂03民初150号民事裁定书,现依法提起上诉。

上诉请求:

请求二审法院依法撤销一审裁定,并裁定将案件已送至武汉海事法院,并由武汉海事法院审理。

事实与理由：

一审法院适用法律错误。

湖北省十堰市中级人民法院根据湖北省高级人民法院2017年下发的《关于环境资源审判模式与管辖设置方案的意见（试行）》（鄂高法办［2017］237号文）规定：本规定自公布之日起试行，2015年湖北省高级人民法院下发《关于全省法院环境资源审判模式与管辖设置方案的通知》（鄂高法办［2015］12号文）即行废止。既然十堰中院引用鄂高法办［2017］237号文，那么该文应当依法向社会公众公开，让一般公众了解，最少让法律从业者了解，以便准确地为当事人服务。但是，截止到现在，上诉人穷尽一切手段，也只查询到鄂高法办［2015］12号文，而查询不到鄂高法办［2017］237号文，同时也未查询到鄂高法办［2015］12号文废止的相关文件，所以鄂高法办［2015］12号文还是生效的。

因此，上诉人认为，一审法院适用法律错误，请求二审法院在查明事实的基础上依法支持上诉人的上诉请求。

此致
湖北省高级人民法院

上诉人：宜城市襄大农牧有限公司

2018年10月31日

九、二审答辩状

二审答辩状

答辩人：福建省绿家园环境友好中心。住所：略，邮政编码：略。法定代表人：林某某，职务：主任。

对上诉人宜城市襄大农牧有限公司不服湖北省十堰市中级人民法院作出的（2018）鄂03民初150号民事裁定书，提出上诉，答辩如下：

上诉人诉称的以下事实错误："既然十堰中院引用鄂高法办〔2017〕237号文，那么该文应当依法向社会公众公开，让一般公众了解，最少让法律从业者了解，以便准确地为当事人服务。但是，截止到现在，上诉人穷尽一切手段，也只查询到鄂高法办〔2015〕12号文，而查询不到鄂高法办〔2017〕237号文，同时也未查询到鄂高法办〔2015〕12号文废止的相关文件，所以鄂高法办〔2015〕12号文还是生效的。"

上诉人穷尽一切手段查询不到你院发布的鄂高法办〔2017〕237号文，并非鄂高法办〔2017〕237号文生效的条件。请求你院驳回上诉人的上诉请求，维持原裁定。

此致
湖北省高级人民法院

答辩人：福建省绿家园环境友好中心
2018年11月12日

十、民事裁定书

湖北省高级人民法院
民事裁定书

（2019）鄂民辖终5号

上诉人（原审被告）：宜城市襄大农牧有限公司。住所地：略。

法定代表人：张某某，该公司董事长。

委托诉讼代理人：黄某某，湖北某某律师事务所律师。

被上诉人（原审原告）：福建省绿家园环境友好中心。住所地，略。

法定代表人：林某某，该中心主任。

上诉人宜城市襄大农牧有限公司（下称"宜城襄大公司"）因与被上诉人福建省绿家园环境友好中心（下称"福建绿家园中心"）水污染责任环境公益诉讼一案，不服十堰市中级人民法院（2018）鄂03民初150号民事裁定，向本院提出上诉。

宜城襄大公司上诉称，原审法院根据湖北省高级人民法院《关于环境资源审判模式与管辖设置方案的意见（试行）》（鄂高法〔2017〕237号）的规定，认定湖北省高级人民法院《关于全省法院环境资源审判模式与管辖设置方案的通知》（鄂高法办〔2015〕12号）已经废止，但上诉人穷尽一切手段，均未查询到鄂高法〔2017〕237号文，只查询鄂高法办〔2015〕

12 号文。因此，原审法院适用鄂高法〔2017〕237 号文驳回上诉人管辖权异议错误，请求二审法院撤销一审裁定，将本案移送至武汉海事法院审理。

被上诉人福建绿家园中心答辩称，上诉人宜城襄大公司查询不到湖北省高级人民法院《关于环境资源审判模式与管辖设置方案的意见（试行）》（鄂高法办〔2017〕237 号），并非该文件生效的条件，请求驳回上诉人宜城襄大公司上诉，维持原裁定。

本院经审查认为，关于环境民事公益诉讼案件的管辖，本院于 2015 年和 2017 年先后制定了《关于全省法院环境资源审判模式与管辖设置方案的通知》（鄂高法办〔2015〕12 号）和《关于环境资源审判模式与管辖设置方案的意见（试行）》（鄂高法〔2017〕237 号），上述两个文件均根据《最高人民法院关于审理环境民事公益诉讼案件适用法律若干问题的解释》第 7 条的规定由最高人民法院批准。鄂高法〔2017〕237 号文于 2017 年 10 月 30 日对外公布，自公布之日起试行，鄂高法办〔2015〕12 号即行废止。本案系水污染损害环境公益诉讼案件，涉及长江支流水域中的汉江水域水污染损害，根据鄂高法〔2017〕237 号文关于湖北省内长江干线和支线水域污染损害等环境民事公益诉讼案件由武汉海事法院负责管辖的规定，本案应由武汉海事法院管辖。原审法院认定本案属除上述案件以外的"其他第一审环境民事公益诉讼案件"，定性不当，应予纠正。

依照《中华人民共和国民事诉讼法》第 170 条第 1 款第 2 项、第 171 条的规定，裁定如下：

一、撤销十堰市中级人民法院（2018）鄂 03 民初 150 号民事裁定。

二、本案由武汉海事法院管辖。

本裁定为终审裁定。

审判长 邵某某

审判员 黄某某

审判员 邹 某

二〇一九年一月二十一日

书记员 李 某

肆

办案笔记

2018 年 4 月福建省绿家园环境友好中心接触到本案线索，便积极对污染情况开展调研。由于污染范围较广，调查取证阶段单靠人力查勘很难记录到完整的排污事实，后经努力寻找到了专业志愿者及摄影人员运用无人机记录下了相对完整的排污事实。考虑到企业污染持续时间长，已对环境造成了损害，且相关部门至今未对其排污行为和违法生产活动进行处罚，而该公司也未停止其偷排行为，福建绿家园决定提起环境公益诉讼。

经过两个多月时间的观察和诉前准备，包括向当地环保局申请相关的行政审批文件、环评以及批复等相关证据材料，2018年6月6日，福建绿家园向湖北省十堰市中级人民法院正式提交了《民事起诉状》及证据材料。

为推动案件的顺利进展，关于四个重要方向的问题，福建绿家园也做了思考。

1. 福建省绿家园环境友好中心是否是本案的适格原告？

在提起诉讼时遇到的首要问题便是：作为福建省民政厅登记注册的民办非企业单位，我们能否去湖北省提起环境公益诉讼？这个问题直接关系到福建绿家园是否能够作为本案的适格原告。

环境民事公益诉讼原告是指有权对环境污染、破坏生态的行为提起环境民事公益诉讼的主体。依照我国《民事诉讼法》第55条第1款之规定，环境民事公益诉讼的原告包括法律规定的机关和有关组织。就该条文所指的"有关组织"而言，《环境保护法》第58条和《最高人民法院关于审理环境民事公益诉讼案件适用法律若干问题的解释》都已经明确规定，适格社会组织具有提起环境民事公益诉讼的主体资格。何为"适格"？根据以上规定，社会组织提起环境公益诉讼需要满足的条件有三个：①符合社会组织登记机构的级别要求；②专门从事环境保护公益活动连续 5 年以上；③连续 5 年无违法记录。

福建绿家园系于福建省民政厅登记注册的民办非企业单位，宗旨是遵守国家的宪法、法律法规和国家政策，遵守社会道德风尚，普及公民环境保护意识，保护生态环境与生态平衡，倡导绿色消费，促进社会、环境、生态、经济和谐的可持续发展。业务范围是保护生态环境、传播环境文化、开展学术技术交流。该单位专门从事环境保护公益活动连续 5 年以上且无违法记录。对污染环境、破坏生态、损害社会公共利益的行为有权提起公益诉讼。

据此，福建绿家园符合法定的有资格提起环境民事公益诉讼的社会组织条件。同时，根据"法无禁止即可为"原则，我国法律法规及相关司法解释并未对社会组织提起环境民事公益诉讼给予地域限制。从积极鼓励社会组织提起环境公益诉讼、保护环境、促进环境法律事业发展的实际角度，对于社会组织提起环境民事公益诉讼也不宜给予地域限制。综上，福建绿家园是本案的适格原告。

2. 怎样界定污染环境损害社会公共利益的行为？

根据我国法律法规规定，环境民事公益诉讼可针对污染环境或破坏生态的行为而提起。《最高人民法院关于审理环境民事公益诉讼案件适用法律若干问题的解释》第 8 条规定，原告起诉时需要提交被告的行为已经损害社会公共利益或者具有损害社会公共利益重大风险的初步证明材料。本案被告违反项目环评报告和批复规定，从2013年4月3日环评批复下达至今，没有建设农田灌溉设施，养殖废水经污水站处理后，经排污管道排入流经厂区的泉水，经南干渠流入莺河二库，最终流入汉江，污染汉江水质，影响水体利用，造成汉江附近区域环境损害。在本案中，由于被告的排污行为导致了汉江附近区域环境损害，因而符合公益诉讼条件。

3. 如何选择环境民事公益诉讼的适格被告？

在解决原告主体资格问题之后，还需要解决另一个主体——被告的确定问题。环境民事公益诉讼被告是指因污染环境、破坏生态的行为导致环境公共利益受损害而被提起环境民事公益诉讼的主体（自然人或法人）。环境民事公益诉讼中存在共同侵权的，共同侵权人可以作为环境民事公益诉讼的共同被告。共同被告之间可能承担连带责任或按份承担责任。例如，"自然之友诉北京都市芳园房地产开发有限公司、北京九欣物业管理有限公司环境民事公益诉讼案"中，二被告在未办理相关许可手续的前提下，共同组织垃圾填湖作业，因而成为环境民事公益诉讼的共同被告，并因此承担连带责任。在该案中，二被告的行为在时间和空间上都具有一致性，关联性非常明显，因此在起诉时就被列为共同被告。

在本案中，原告在立案时仅列了宜城市襄大农牧有限公司单独作为本案被告。随着案件调查的不断深入，原告发现：在宜城市襄大农牧有限公司生产过程中，中国农业银行股份有限公司宜城市支行（以下简称"农行宜城市支行"）、湖北宜城农村商业银行股份有限公司（以下简称"宜城农商银行"）分别向宜城襄大农牧公司发放流动资金贷款，支持其畜牧养殖生产。经两位代理律师到宜城市房管局、国土局、工商局等多个行政机关走访，终于在宜城市行政服务大厅、不动产登记中心档案室获得了相应的证据材料。由于材料较多，代理律师用了大约两周时间整理证据材料，并在多家银行的大量贷款材料中了解到宜城襄大农牧公司以本厂的厂房作为抵押向农行宜城市支行及宜城农商银行借款，资金用于生产经营的可能性最大，可以作为本案追加被告的关键证据。农行宜城市支行、宜城农商银行违反贷款人合规审查义务，向宜城襄大农牧公司发放流动资金贷款，支持宜城襄大农牧公司违法生产，造成污染扩大、持续，存在过错，与宜城襄大农牧公司构成共同侵权，依法应当承担连带责任。

为明确农行宜城市支行、宜城农商银行的法律责任，首先应当明确其在本案法律关系中的法律地位。农行宜城市支行、宜城农商银行作为本案被告宜城市襄大农牧有限公司的贷款发放银行，为本案被告宜城市襄大农牧有限公司的生产经营提供了资金支持。虽然二者并非直接的污染行为主体，但是通过其向宜城襄大农牧公司发放贷款，支持企业违法生产，实际造成了污染扩大、持续的后果。本案是国内首次在环境公益诉讼案件中将商业银行作为环境侵权责任主体的案件，对于明确金融机构合规审查义务及后续产生的连带法律责任，具有开创性的意义，也有助于后续相关规则的建立和完善。

基于以上情形，2018 年 7 月 9 日，福建绿家园向法院提交《追加被告申请书》，申请将农行宜城市支行、宜城农商银行追加为本案共同被告。

4. 如何确定诉讼请求？

依照目前相关法律、法规及司法解释之规定，环境民事公益诉讼的诉讼请求包括停止侵害、排除妨碍、消除危险、恢复原状、赔偿损失、赔礼道歉等。按照责任性质的不同，大致可以分为四类：其一，预防性责任，如停止侵害、排除妨碍、消除危险；其二，恢复性责任，如恢复原状；其三，赔偿性责任，如赔偿损失；其四，人格恢复性责任，如赔礼道歉。

在本案中，原告最初的诉讼请求为"一、判决被告立即停止外排养殖废水；二、判决被告赔偿生态环境修复费用暂定 1300 万元（最终以环境损害评估鉴定金额为准，支付到法院指定账户）该款用于襄阳市汉江流域水生态环境治理或者环境宣传教育活动；三、判决被告赔偿生态环境受到损害至恢复原状期间服务功能损失暂定 2500 万元（最终以环境损害评估鉴定金额为准，支付到法院指定账户），该款用于襄阳市汉江流域水生态环境治理或者环境宣传教育活动；四、判决被告通过襄阳市人民政府门户网站、襄阳电视台、襄阳日报向全市人民群众承认错误，赔礼道歉；五、判决被告赔偿我单位因本案诉讼实际支出的专家辅助人咨询费、环境损害评估鉴定费、检测费、律师费、工作人员和律师差旅费等暂定200万元（最终以一审辩论终结前诉讼实际支出为准）；六、判决被告承担本案诉讼费用。"随着对于案情的进一步深入研判，福建绿家园根据新发现的事实和证据，向法院提交了《变更诉讼请求申请书》，变更诉讼请求为："一、判决被告宜城市襄大农牧有限公司立即停止向地表水体排放养殖废水；二、判决三被告赔偿生态环境修复费用和生态环境受到损害至恢复原状期间服务功能损失暂定3800万元（最终以环境损害评估鉴定金额为准，支付到法院指定账户）该款用于襄阳市汉江流域水生态环境治理或者环境保护活动；三、判决三被告通过襄阳市人民政府门户网站、襄阳电视台、襄阳日报向全市人民群众承认错误，赔礼道歉；四、判决三被告赔偿我单位因本案诉讼实际支出的专家辅助人咨询费、环境损害评估鉴定费、检测费、律师费、工作人员和律师差旅费等暂定200万元（最终以一审辩论终结前诉讼实际支出为准）；五、判决三被告承担本案诉讼费用。"

原告变更诉讼请求，使得诉讼请求更加具体、准确，也更加符合法律规定。主要体现在：

第一，关于停止侵害的诉请。显然，只要企业处于生产经营状态，完全地禁止对外排放废水是不符合实际的，因此请求判决被告停止向地表水体排放养殖废水更为明确。

第二，将赔偿生态环境修复费用与赔偿生态环境受到损害至恢复原状期间服务功能损失两个诉请进行合并。根据本案的实际情况，考虑到受污染水体虽有一定的自净能力，但因环境容量是有限的，向水体排放有害废水，必然对河流的水质、水体动植物、河床、河岸以及河流下游的生态环境造成损害。因此，不能以水质得到恢复为由免除污染者的环境修复责任。基于受损环境的整体性考虑，应当主张被告承担生态环境修复费用。同时，被告连续多年将未经处理的废水直接排入河道，污染环境、破坏生态，严重影响河道的生态功能，环境损害至恢复原状期间服务功能损失，是被告应当承担的赔偿性责任范畴。污染环境导致生态系统提供服务的丧失或减少，行为人的赔偿责任应当覆盖此部分的损害。

第三，关于赔礼道歉的诉请，在本案中也是正当的。赔礼道歉是一种人格恢复性责任方式，不仅适用于人格权和具有精神价值的财产遭受损害的情形，同样也适用于社会公众享有美好生态环境的精神利益的损失。本案中，被告宜城襄大农牧公司违法生产经营，污染环境，被告农行宜城市支行、宜城农商银行明知宜城襄大农牧公司上述违法行为，却未尽审查义务，仍向其发放流动资金贷款，支持宜城襄大农牧公司违法生产，造成污染扩大、持续。其行为侵害了社会公众的精神性环境权益，应当承担赔礼道歉的民事责任。

第四，如何解决诉讼费、鉴定评估的问题？原告福建绿家园是依法专门从事环境保护的非营利性公益机构，不能从事盈利活动，提起环境公益诉讼体现的是公益目的，即救济全民享有的环境权益，诉讼获得的赔偿款也不归公益组织所有。同时，要求原告预交诉讼费用也存在困难。原告提起环境公益诉讼之经费全部来自于社会资助。根据资助协议，如果判决单位胜诉，或者与被告达成调解协议，强制执行到位后或被告自动履行到位后，原告需要将社会资助返还给资助方。因此，原告在起诉同时，向法院申请免交案件受理费，以缓解公益诉讼资金匮乏的困境。

被告自环评批复下达至今，向水体排放大量养殖废水，已对河流水质、水体动植物、河床、河岸以及河流原有的生态环境造成严重破坏。为查明被告污染环境应当承担的民事责任大小、生态环境修复所需费用和服务功能的具体损失，需要有委托资质的专业机构进行鉴定。因此，原告在起诉同时提请人民法院委托具有环境损害鉴定评估资质的机构进行鉴定，以解决后续可能存在的环境责任争议。

关于支持起诉单位部分，根据《中华人民共和国民事诉讼法》第15条*、《最高人民法院关于审理环境民事公益诉

---

*《中华人民共和国民事诉讼法》第15条：机关、社会团体、企业事业单位对损害国家、集体或者个人民事权益的行为，可以支持受损害的单位或者个人向人民法院起诉。

讼案件适用法律若干问题的解释》第 11 条 * 等相关规定，中国政法大学环境资源法研究和服务中心（又称"污染受害者法律帮助中心"）通过向原告提供法律咨询、就案件提出参考意见、书面和出庭发表支持意见等方式支持原告依法提起本案环境民事公益诉讼。据此，2018 年 7 月 25 日，中国政法大学环境资源法研究和服务中心作为本案原告支持起诉单位，向法院提交了《支持原告起诉意见书》。

在本案中，虽然中国政法大学环境资源法研究和服务中心属于法人内设机构，不具有独立法人资格，但考虑到环境民事公益诉讼的公益性维护需要，以及支持起诉主体并不需要独立承担相关法律责任，因此并未强求支持起诉单位要求具有独立法人资格。在已有法律实践中，支持起诉单位往往通过提供法律咨询、提交书面意见、协助调查取证、派员出庭等方式参与到案件中，支持环境民事公益诉讼。

关于管辖规则之争，2018 年 8 月 27 日，针对被告宜城襄大农牧公司在案件诉讼程序期间向法院提出管辖权异议的情形，原告福建绿家园向法院提交了《管辖权异议答辩书》；10 月 8 日，湖北省十堰市中级人民法院作出（2018）鄂民初 150 号民事裁定书，裁定驳回被告宜城襄大农牧公司对本案管辖权提出的异议；10 月 31 日，上诉人宜城襄大农牧公

---

* 《最高人民法院关于审理环境民事公益诉讼案件适用法律若干问题的解释》第 11 条：检察机关、负有环境保护监督管理职责的部门及其他机关、社会组织、企业事业单位依据《民事诉讼法》第 15 条的规定，可以通过提供法律咨询、提交书面意见、协助调查取证等方式支持社会组织依法提起环境民事公益诉讼。

司不服湖北省十堰市中级人民法院一审判决，向湖北省高级人民法院提起上诉；11月12日，福建绿家园针对二审上诉情况，向湖北省高级人民法院提交了二审答辩状；2019年1月21日，湖北省高级人民法院裁定撤销十堰市中级人民法院(2018)鄂民初150号民事裁定，本案由武汉海事法院管辖。

环境民事公益诉讼具有不同于一般民事诉讼案件的级别和地域管辖规则。《中华人民共和国民事诉讼法》第18条第3项规定，最高人民法院确定由中级人民法院管辖的第一审民事案件由中级人民法院管辖。《最高人民法院关于审理环境民事公益诉讼案件适用法律若干问题的解释》第6条第1款规定，第一审环境民事公益诉讼案件由中级以上人民法院管辖。因此，环境民事案件的管辖法院级别为中级人民法院。《中华人民共和国民事诉讼法》第28条规定，侵权行为诉讼案件的管辖连接点包括侵权行为地或者被告住所地人民法院。《最高人民法院关于适用〈中华人民共和国民事诉讼法〉的解释》第285条对公益诉讼案件的管辖连接点作出相同规定，但同时规定"法律、司法解释另有规定的除外"。《最高人民法院关于审理环境民事公益诉讼案件适用法律若干问题的解释》第6条第1款规定的环境民事公益诉讼案件的管辖连接点包括污染环境、破坏生态行为发生地、损害结果地或者被告住所地。

由于环境资源案件具有高度专业技术性、复杂程度高，传统的审判部门和司法模式难以有效应对，《最高人民法院关于全面加强环境资源审判工作 为推进生态文明建设提供有力司法保障的意见》提出，"探索设立以流域等生态系统或以生态功能区为单位的跨行政区划环境资源专门审判机构，实行对环境资源案件的集中管辖，有效审理跨行政区划污染等案件"。为此，我国实行环境资源审判专门化，设立专门环境资源审判机构。实践中，跨区域管辖的情形为采取集中管辖方式实行跨区域管辖。具体到本案件，由于湖北省内的环境公益诉讼管辖情形不够明确，原告按照湖北省高院的正式文件规定在十堰中院立案，却出现了以上针对管辖规则的反复争议，最终被省高院裁定由武汉海事法院管辖，使得诉讼进程延误。

目前，本案移送到武汉海事法院审理，待安排开庭审理具体时间，案件仍在持续跟进。

伍

多方观点及案件评析

本案发生后，中国环境报记者王玮对案件深度采访，形成了《两银行向违法排污企业贷款成共同被告》[*]一文，被各大网络媒体转载传播，引起了社会各界的广泛关注。文中提及了中国政法大学环境资源法研究和服务中心、中国生物多样性保护与绿色发展基金会以及本案代理律师吴安心律师对于案件的一些观点和期待。

---

[*] 王玮：《两银行向违法排污企业贷款成共同被告》，载《中国环境报》2018年8月15日。

中国政法大学环境资源法研究和服务中心

商业银行作为环境法律责任的主体是依法有据的，在环境污染对人类生存和发展造成威胁的当下，环境法律责任主体的扩大，已然成为趋势。企业因商业银行的融资行为导致侵害环境的能力扩大，是商业银行帮助企业实施了侵权行为，这种情况下，商业银行需要对环境侵权行为承担连带责任。

发展绿色金融，是实现绿色发展的重要措施。通过本案，促进我国健全生态环境保护经济政策体系，大力发展绿色信贷、绿色债券等金融产品，有效防范环境与社会风险，通过司法保护，推动贷款人环境法律责任制度建立，形成支持绿色发展方式的激励机制和抑制环境污染行业贷款的约束机制，为坚决打好污染防治攻坚战提供坚实的典型案例支撑。

中国生物多样性保护与绿色发展基金会

将中国农业银行股份有限公司宜城市支行、湖北宜城农村商业银行股份有限公司列为被告具有典型意义，有助于人民银行等七部委发布的《关于构建绿色金融体系的指导意见》在银行业推广，进而推动银行业把环境保护作为一项基本政策，并在投融资决策中考虑潜在的环境影响，推动银行业逐步建立银行绿色评价机制。

本单位不仅对既定的污染事实、行为进行关注，更注重从源头遏止污染，采取多样化方式推进环境污染问题的有效解决。对银行业，本单位强烈倡导通过绿色金融从源头上把控、预防污染环境的企业和项目落地。一旦在实践中发现有关金融机构向污染的企业和项目提供支持，我亦将通过法律的方式进行阻止，并依法追究法律责任。

吴安心律师：期待这起环境民事公益诉讼案件能在各方共同努力下，成为推动我国绿色金融司法实践的典型案例

代理福建绿家园与襄大农牧污染环境公益诉讼一案的湖北隆中律师事务所律师吴安心多次提到了"贷款人环境法律责任"这一概念。所谓贷款人环境法律责任，意指商业银行等贷款人如果故意或未尽合规审查义务，将资金借予污染企业并由此产生环境损害，则贷款人承担相应的法律责任。在吴安心律师看来，目前我国商业银行无视环保法律法规的规制，向污染企业发放贷款的情形还比较常见，而追加贷款人环境法律责任则有助于推动绿色金融政策落地。

一方面，由于贷款人担心环境法律责任会使自身蒙受损失，在对借款企业的尽职调查或资格审查中会增加环境污染风险相关内容，许多高污染风险或者有污染不良记录的企业很难获得银行的贷款，从而在源头上遏制污染。

另一方面，借款企业由于担心在面对银行的审查时资质不足或者信用受损，也有了内在的动力去积极减少污染和加大环境保护投入，使得全社会的生产活动越来越向清洁化方向发展。

　　遗憾的是，目前贷款人环境法律责任在我国还没有相关判例。吴安心律师特别期待这起环境民事公益诉讼案件能在各方共同努力下，成为推动我国绿色金融司法实践的典型案例。

　　《两银行向违法排污企业贷款成共同被告》一文刊载后，引发了业内人士的相关评论或思考，其中最为代表性的是兴业银行首席经济学家鲁政委等人的撰文回应，并大胆设想本案如能得到法院支持，贷款人环境法律责任或将到来，银行业应当为此做足充分准备。

鲁政委、钱立华、方琦：贷款人环境法律责任或将到来——评"两银行向违法排污企业贷款成共同被告"事件 *

　　本次环境公益诉讼事件则是首次将银行所承担的环境责任提升到了法律层面，虽然最终结果尚未确定，但也为我国银行类金融机构敲响了警钟，预示着贷款人环境法律责任可能终将到来。

　　首先，环境风险演化成了金融风险，银行第一次被要求承担环境法律责任，可能催化中国版"超级基金法案"的诞生。美国纽约州的拉夫运河由于曾经被填埋了大量有害化学物质，到1976年左右发生了严重的土地污染和饮用水污染，

---

* 鲁政委：《贷款人环境法律责任或将到来——评"两银行向违法排污企业贷款成共同被告"事件》，载http://www.sohu.com/a/248014918_465450，最后访问日期：2019年4月11日。

对当地居民的健康形成了严重的威胁，拉夫运河事件发生后，美国国会在 1980 年通过了《综合环境反应、赔偿和责任法》（CERCLA），并建立了数额庞大的超级基金用于环境治理，因此该法案也被称为"超级基金法案"。该法案最具威慑力的地方在于认定环境责任具有可追溯性，金融机构如果贷款或投资该类企业，可能会因为承担连带责任和背负清偿污染的费用。该法案对银行环境责任提出了明确的行动准则，即银行必须对其客户造成的环境污染承担连带责任，并支付相应的环境修复费用。这促使美国银行业构建了应对环境和社会风险的管理体系，在放贷款之前，对贷款和客户进行严格的环境风险评估。此次事件中，银行由于向违法的污染企业发放了贷款，成为共同的被告。由于我国还没有明确贷款人环境法律责任条款，法律人士建议修改《中华人民共和国商业银行法》，如在总则增加"节约资源、保护生态环境"的内容，增加条款："对环境和社会表现不合规的客户，应当不予贷款"；并在《中华人民共和国商业银行法》《中华人民共和国银行业监督管理法》法律责任中增加相应的行政责任。

其次，此事件属于具有重大影响力的环境公益诉讼，有利于银行开始重视和加强环境和社会风险管理。目前我国的相关法律制度中，虽然没有明确贷款人环境法律责任的条款，但国家相关部门出台了指导性的监管文件。如 2007 年国家环境保护总局、人民银行、银监会三部门印发的《关于落实环保政策法规防范信贷风险的意见》要求，金融机构应依据国家建设项目环境保护管理规定和环保部门通报情况，严格贷款审批、发放和监督管理，对未通过环评审批或者环保设施验收的项目，不得新增任何形式的授信支持。2012 年银监会出台的《绿色信贷指引》以及 2014 年出台的《绿色信贷实施情况关键评价指标》，要求金融机构对拟授信客户进行严格的合规审查，针对不同行业的客户特点，制定环境和社会方面的合规文件清单和合规风险审查清单，确保客户提交的文件和相关手续的合规性、有效性和完整性。

此次事件，不管判决结果如何，都给银行类金融机构敲响了警钟，将会有利于更多的银行关注并贯彻实施《绿色信贷指引》，加强环境和社会风险管理，从资金供给端约束企业规范、绿色发展，促进整个银行业绿色信贷的发展。

最后，贷款人环境法律责任可能终将到来。我国绿色金融体系的顶层架构设计文件中国人民银行、财政部、发展改革委等《关于构建绿色金融体系的指导意见》中第 8 条规定，研究明确贷款人环境法律责任。依据我国相关法律法规，借鉴环境法律责任相关国际经验，立足国情探索研究明确贷款人尽职免责要求和环境保护法律责任，适时提出相关立法建议。

此次环境公益诉讼，如果法院判决了银行承担连带责任，有此次先例，则预示着以后银行若未严格加强环境和风险的管理，给违法违规的污染型企业提供了融资，将可能承担法律风险，即贷款人将承担环境法律责任，既损失了经济利益，也将损失银行的声誉。建议银行为贷款人环境法律责任可能终将到来做好准备。

李维康：商业银行环境民事责任追究之反思——以襄大农牧违法排污案为例

从企业承担社会责任的正当性及其限度的角度看，福建绿家园诉宜城襄大农牧公司并追加两家商业银行作为共同被告一案具有相当的典型性。本案原告认为两家商业银行与襄大农牧共同实施了侵害行为，应当就污染损害行为承担连带责任。侵权责任并不是实现商业银行环境民事责任的最优选择。因此，鉴于商业银行的性质和在市场经济活动中的作用，商业银行的环境民事责任应当符合企业社会责任的定位。首先，在对环境污染发生无主观过错的情况下，商业银行不应承担侵权责任，只能进行适当的补偿，而且补偿金额应当慎重考量。其次，商业银行开展信贷业务的对象数量相对较大，实现方式上应当限制被侵权人对商业银行进行直索，避免被侵权人为了便于救济直接起诉商业银行，产生诉讼成本。商业银行的补偿金可以由金融业监管机构设立环境基金或者纳入统一的环境保护基金，为企业提供环保培训，为企业缴纳环境保护保险或者开展受损社区的生态修复等，直接进入到社会公共利益构建之中。最后，可以构建多元化的民事责任实现方案，除金钱补偿之外还可以通过信贷绿色评价指数等措施使商业银行在环境风险控制上的工作体现在商业银行的企业形象上，形成激励机制。

陆

案件剖析

一、是否应当追加商业银行贷款人为被告

本案在十堰市中级人民法院立案后，福建绿家园申请追加贷款人中国农业银行股份有限公司宜城市支行、湖北宜城农村商业银行股份有限公司作为共同被告参加诉讼。因管辖异议，湖北省高级人民法院作出（2019）鄂民辖终 5 号民事裁定书裁定该案由武汉海事法院管辖。十堰市中级人民法院也没有就追加被告的问题向原告方送达书面裁定。

实际上，是否应当追加商业银行贷款人为被告的困惑，最终要归结到对于商业银行贷款人的环境法律责任认定问题。

商业银行贷款人环境法律责任目前在我国还是一个比较新的概念，意指商业银行等贷款人如果因为故意或未尽职将资金借予污染企业并由此产生环境损害，则商业银行贷款人应承担相应的行政、民事法律责任。这将逼迫商业银行做好绿色信贷尽职调查，有效遏制信贷资金流向污染企业，可以从源头上控制环境污染、生态破坏。行政法律责任方面，《关

于构建绿色金融体系的指导意见》发布后，已有平安银行股份有限公司因贷前调查不到位，向环保未达标的企业提供融资，被天津银监局罚款人民币50万元的案例。民事法律责任方面，《关于充分发挥审判职能作用为推进生态文明建设与绿色发展提供司法服务和保障的意见》发布后，各级人民法院尚无相关裁判案例。

商业银行贷款人环境法律责任的相关规定，早在2007年国家环境保护总局等部门印发的《关于落实环保政策法规防范信贷风险的意见》、2012年银监会《关于印发绿色信贷指引的通知》中都有规定。

2015年9月，中共中央政治局召开会议，审议通过了《生态文明体制改革总体方案》，该方案第45条规定，建立绿色金融体系。推广绿色信贷，研究采取财政贴息等方式加大扶持力度，鼓励各类金融机构加大绿色信贷的发放力度，明确贷款人的尽职免责要求和环境保护法律责任。加强资本市场相关制度建设，研究设立绿色股票指数和发展相关投资产品，研究银行和企业发行绿色债券，鼓励对绿色信贷资产实行证券化。支持设立各类绿色发展基金，实行市场化运作。建立上市公司环保信息强制性披露机制。完善对节能低碳、生态环保项目的各类担保机制，加大风险补偿力度。在环境高风险领域建立环境污染强制责任保险制度。建立绿色评级体系以及公益性的环境成本核算和影响评估体系。积极推动绿色金融领域各类国际合作。

2016 年 5 月 26 日，最高人民法院发布了《关于充分发挥审判职能作用为推进生态文明建设与绿色发展提供司法服务和保障的意见》第 16 条规定，依法审理绿色金融、生物多样性保护相关案件。深入研究绿色税收以及绿色信贷、绿色债券、绿色保险、绿色发展基金等涉及绿色金融发展的特殊法律问题，研究排污权、用能权、用水权等市场交易机制和规则，妥善审理相关案件，充分发挥金融手段及市场机制在实现绿色发展、减缓和适应气候变化中的重要作用。妥善审理涉及植物新品种、生物遗传资源和基因等知识产权纠纷，有效保护生物多样性。

2016 年 8 月 31 日，中国人民银行、财政部、发展改革委等发布的《关于构建绿色金融体系的指导意见》第 8 条规定，研究明确贷款人环境法律责任。依据我国相关法律法规，借鉴环境法律责任相关国际经验，立足国情探索研究明确贷款人尽职免责要求和环境保护法律责任，适时提出相关立法建议。

二、先行先试商业银行贷款人环境民事法律责任的依据

首先，《民法总则》第 9 条规定，民事主体从事民事活动，应当有利于节约资源、保护生态环境。《环境保护法》第 6 条规定，一切单位和个人都有保护环境的义务。企业事业单位和其他生产经营者应当防止、减少环境污染和生态破坏，对所造成的损害依法承担责任。《侵权责任法》第 8 条规定，二人以上共同实施侵权行为，造成他人损害的，应当承担连带责任。明确了商业银行贷款人的环境民事法律责任。

其次，《贷款通则》第24条规定："……二、借款人有下列情形之一者，不得对其发放贷款……（五）生产经营或投资项目未取得环境保护部门许可的"。原银监会《关于印发〈节能减排授信工作指导意见〉的通知》第5条规定，银行业金融机构应密切关注授信企业节能减排目标的完成情况和环保合规情况，加强与节能减排主管部门的沟通，对其公布和认定的耗能、污染问题突出且整改不力的授信企业，除了与改善节能减排有关的授信外，不得增加新的授信，原有的授信要逐步压缩和收回。《关于印发绿色信贷指引的通知》第17条规定，银行业金融机构应当加强授信审批管理，根据客户面临的环境和社会风险的性质和严重程度，确定合理的授信权限和审批流程。对环境和社会表现不合规的客户，应当不予授信。《固定资产贷款管理暂行办法》第9条规定，贷款人受理的固定资产贷款申请应具备以下条件：……项目符合国家的产业、土地、环保等相关政策，并按规定履行了固定资产投资项目的合法管理程序。《项目融资业务指引》第5条规定，贷款人提供项目融资的项目，应当符合国家产业、土地、环保和投资管理等相关政策。《流动资金贷款管理暂行办法》第11条规定，流动资金贷款申请应具备以下条件：……借款人生产经营合法、合规。都明确了商业银行贷款人的环保尽职免责义务。

借鉴 1980 年美国《综合环境反应、赔偿和责任法》(即《超级基金法》)及系列修正案,一般来说,参与借款人管理的贷款人承担超级基金法下的责任。我国由于缺乏法律规制,商业银行贷款人漠视环境法律责任的情况非常严重,对环境的恶化有着不可推卸的责任。商业银行贷款人为了盈利,除了在贷款发放中通过委托支付的方式控制、参与借款人的生产经营活动之外,还无视环保法律法规的规制,毫无顾忌地向以下污染企业发放贷款:

(1)未通过环保竣工验收的项目。

(2)未取得排污许可证的项目。

(3)未改正环保违法行为的企业。

污染环境共同侵权行为既包括前期准备行为,也包括直接产生危害结果的终端排污行为。企业生产要素包括土地、资金、技术、人力等,缺一不可,否则企业无法生产,自然也无污可排。排污行为仅仅是企业生产过程的终端表现之一。因此,不光终端排污行为可以构成直接侵权行为,前期生产准备过程中提供资金也可以构成直接侵权行为,两者结合在一起构成共同侵权。如危废非法转移倾倒案件,实践中大多判决产生危废的企业、运输者、直接倾倒者等承担连带责任,并非仅仅判决直接倾倒者承担责任。

商业银行贷款人以盈利为目的,不履行环保尽职调查义务,向污染企业发放贷款,支持企业违反环保法生产,造成新的污染产生或者旧的污染扩大、持续。商业银行贷款人主观上对环境污染、生态破坏有过失，客观上通过发放贷款，参与了企业筹集生产资金的生产准备行为，最终导致产生危害结果的终端排污行为发生，属于共同侵权。依法应当对生态环境损害的修复、赔偿与污染企业共同承担连带责任。

由于商业银行贷款人对企业日常生产经营中的环保设施运行缺乏管理能力，商业银行贷款人对环保合法合规的企业发放贷款后，企业出现超标排污、超总量排污或者不按许可证规定排污的行为，商业银行贷款人不应当承担责任，但商业银行贷款人在贷款发放中通过委托支付的方式控制、参与企业生产经营管理导致污染环境、破坏生态的除外。

商业银行贷款人环境法律责任对绿色金融有保障作用。一方面，由于商业银行担心环境法律责任会使自身蒙受损失，在对借款企业的尽职调查或资格审查中会增加环境污染风险相关内容。许多高污染风险或者有环境污染不良记录的企业很难获得银行的贷款，从而可以在源头上遏制污染。另一方面，借款企业由于担心在面对银行的审查时资质不足或者信用受损，也有了内在的动力去积极减少污染和加大环境保护投资，使得全社会的生产活动向清洁化方向发展。

福建绿家园有意通过环境民事公益诉讼推动《生态文明体制改革总体方案》中商业银行贷款人环境民事法律责任的落实。为推动环境法治，希望有更多的司法机关在环境民事公益诉讼审判中大胆探索，先行先试商业银行贷款人环境法律责任，在我国司法保护环境领域开创先河。

第四案 守护长江最大支流

——湖北襄阳水污染案

李 畅（编写）

案件评述

　　福建省绿家园环境友好中心诉襄阳市襄州区亿嘉禾等 7
家生猪养殖场、襄阳正大农牧食品有限公司通海水域污染损
害责任纠纷环境民事公益诉讼案，是武汉海事法院受理的第
一例由环保组织提起的环境公益诉讼系列案件。2017 年 8
月 28 日，武汉海事法院受理了此案。2018 年 11 月 29 日，
经武汉海事法院主持调解，原被告双方达成调解协议。调解
协议鼓励畜禽养殖户加大污染治理技术改造力度，将被告赔
偿的生态环境服务功能损失费直接委托当地环保局、林业局
用于受污染河段两侧的植树复绿，创新了生态环境修复的措
施，使生态环境修复责任真正落到实处。绿家园提起的这一
具有较大社会影响力的环境公益诉讼有力助推当地美丽乡村
建设，让长江最大支流重新恢复水清河畅。

——朱晓勤　厦门大学法学院教授、副院长

壹

污染的发现

对于襄州区的绝大部分养殖户而言，2015 年正大公司"百万头猪源"建设推进工作会议无疑传递着重大利好消息。

襄阳正大农牧食品有限公司正在打造"从农场到餐桌"安全可追溯的百万头生猪产业链项目，家庭农场合作模式是推进该项目实施的有效途径，在此模式下，养殖户的优势和正大公司的资源得以完美契合。区政府鼓励正大公司预付养殖费的政策为该项目注入了一剂强心针，热情高涨的五百余家养殖户充满信心的与正大公司签订了合同。

"一切事物在出自造物主之手的时候都是完美的；而到人的手中都变坏了。"

在农户与商家满心欢喜的背后，被严重污染的太湖渠却在暗自啜泣。家庭农场的迅速发展使太湖渠成为养殖业的牺牲品，而明渠暗道里流淌的农场养殖废水则化作伸向太湖渠的魔爪。太湖渠的主要水体功能为泄洪与农业灌溉，但太湖渠内的养殖废水正在进入白河，进而流经唐白河，最终污染汉江水源。正是无数条太湖渠这样的小流，才成就了奔腾到海的长江，然而遗憾的是，细流既可以成就江海，也可以污染江海。千里之江，明明起于涓涓细流，经人类之手，却也可能最终毁于汩汩污渠。

为了防止污染进一步加重，守护水源安全，绿家园结合群众提供的线索，决定对太湖渠进行污染调研。2017 年 6 月 30 日，绿家园第一次对襄阳市宜城市、襄城区、东津区、襄州区污染投诉的重点企业进行暗访，行程在 1000 公里以上。当日调研结果显示：襄阳市多家养殖专业合作社通过明渠向厂区鱼塘排放养殖废水，一条小溪流淌着酱油色的污水，经过河滩蜿蜒流入白河，将近处的白河水染成了酱油色。

2017 年 7 月 1 日，绿家园借助无人机，对汉江河滩地多家小规模养殖场进行走访调查，经过调研，发现朱集兴合牲猪养殖合作社的暗管通向太湖渠，渠里充满了长达几公里的畜禽粪污。

太湖桥附近企业排污口流出酱油色的污染废水。

污染废水流入河道，整条河道污浊、味道腥臭。

当天室外温度高达57.2度，太湖渠积满了畜禽养殖粪便，散发着臭味。

福建绿家园主任林英、律师吴安心以及四名环保工作者于2017年7月24日，携带照相机、摄像机和无人机，在烈日下赶赴太湖渠，再次对太湖渠进行全程调研，调研起点从翟湾村引水渠开始。航拍画面显示，引水渠南边是小树林，北边是庄稼地，一条小河沟从新野县方向从北向南迤逦而来。

小河沟穿过引水渠南边的小树林和芦苇丛，通向人工修整的太湖渠。令人遗憾的是，从航拍画面和相机特写镜头上看，太湖渠积满了畜禽养殖粪便。对于吴安心律师而言，作为湖北襄阳人，对这里的每一座山川、每一条河流都有着不可名状的依恋和亲切感。然而，调研所见让他深感痛心，他希望能够寻回记忆中那个山明水秀、木茂鸟集的家乡，和绿家园一起守护这片让人爱得深沉的土地。

2017 年 10 月 31 日，经绿家园法务团队再次调研发现，襄阳市襄城区天牧养殖专业合作社私设暗管向厂区鱼塘排放养殖废水；且在调研过程中，襄阳市襄州区亿嘉禾生猪养殖家庭农场以及襄阳市襄州区明军四季养猪专业合作社的排污口处于持续排污状态。此外，根据襄阳市环境保护局致吴安心律师的《政府信息答复书》可知，襄阳市襄州区朱集镇生猪养殖场、襄州区牧丰源生猪养殖家庭农场、襄阳市襄城区天牧养殖专业合作社并未履行相应环评手续、进行环保验收以及办理排污许可证。

2017 年 12 月 12 日，根据绿家园调研报告显示，襄阳市襄城区天牧养殖专业合作社通过明渠向厂区鱼塘排放养殖废水，并且经由厂区鱼塘第一道溢水坝，养猪和养鱼废水流入下游鱼塘，而下游鱼塘连接着沈家洲的第二道溢水坝，最终养殖废水通过溢水坝流入沈家洲河。

2018 年 1 月 23 日，襄阳市环境保护局网站发布消息，襄州区王区长带领环保部门和朱集镇人民政府相关人员到朱集镇查看太湖渠整治进展情况。调研结果显示：襄阳市襄州区亿嘉禾生猪养殖家庭农场、襄阳市襄州区朱集兴合牲猪养殖专业合作社、襄阳市襄州区牧丰源生猪养殖家庭农场没有向太湖渠排污；太湖渠堤内堤外看不到施工清理粪污的痕迹，渠内粪污较起诉之前减少，其原因是经雨水冲刷，粪污的影响范围已然由太湖渠扩大到白河流域。

贰

被破坏环境介绍

太湖渠历史悠久，从西晋开始，就是唐河、白河之间的夹河洲农业灌溉工程，渠首位于新野县东南，曾经是唐河支流，后改道从朱集镇三合村入白河，成白河支流。沿岸的居民在这里养鱼种稻，休养生息，世世代代与太湖渠和谐共生，享受着天赐的福泽。

现如今，她继续慷慨馈赠襄州区朱集镇的万千居民，承载着泄洪与农业灌溉的水体功能。太湖渠是唐白河的8条小支流之一，而唐白河又是汉江水系中流域面积最大的一条支流，由唐河、白河两条主要分支组成，白河与唐河在湖北省襄阳市襄州区龚家咀汇合，始称唐白河。唐白河流域大部分位于河南省南阳地区，丘陵、平原约占该地区总面积的70%，为"南阳盆地"所在，是重要的农业区，其流域面积约 24 590 平方公里。白河流经河南、湖北两省，干流全长 264 公里，集流面积 12 270 平方公里。

唐白河连接的是襄阳市最主要的水系——汉江，汉江作为长江的最大支流，承载着生产与生活的多样水体功能。从历史奔来，又向未来奔去的汉江，养育着这一方水土的万千儿女。

一定程度上，太湖渠的地理位置，使其对整个长江中下游的水质有着直接或者间接的影响。首先，根据环境评价报告，白河水体功能为Ⅳ类，满足《地表水环境质量标准》（GB3838-2002）Ⅳ类标准。根据环境评价要求，这些距离太湖渠不足 100 米、距白河 15 公里的生猪养殖场，执行《农田灌溉水质标准》（GB5084-2005）旱作物标准，其废水治理后可用于企业周边农田的灌溉，不排入地表水体。其次，在《襄阳市汉江流域水环境保护条例》中，同样对汉江水域的保护进行了细致的规定。此外，根据 2017 年 1 月 9 日襄城区人民政府发布的《襄城区畜禽养殖区域划分方案》之规定，"境内汉江沿岸 1000 米以内，廻龙河、肖家河、襄水河、渭水河、狮子岩河、泥咀河、柳林桥河、沈家洲河、赵畈河两岸 300 米内区域属于禁养区；境内汉江流域、廻龙河、肖家河、襄水河、渭水河、狮子岩河、泥咀河、柳林桥河、沈家洲河、赵畈河两岸已划定禁养区边界外延 2000 米内区域"属于限养区。

但事实上，这些未经环境评价抑或是环境评价未达标的生猪养殖场在限养区和禁养区均将养殖废水直接排放，开挖明渠排放、连接水田灌溉渠、修建暗管引流都是常见手段。大量养殖废水经地表径流流入太湖渠，使太湖渠变成了养殖场的天然化粪池，在三合村太湖渠入白河交汇处，污水流入白河，将近处的白河水染成酱色。但真正的污染绝不止步于此，由于自然要素的流动性，违法排污给汉江襄阳市区段和下游的集中饮用水源安全带来威胁，给长江中下游流域水环境质量考核带来极大的压力。

这草丛之下欲盖弥彰的不仅有排放的养殖废水，更有人类的利欲熏心。这一切好似在叫嚣：为了利益，可以不顾一切，亦可以铤而走险。

人类对于利益的赤裸追求，让这些林立于太湖渠的大大小小生猪养殖场，变成了太湖渠躯体上惨不忍睹的疮疤；涌向太湖渠的雨水、污水与废水，就是最凌厉的伤痕，再加上太湖渠的泄洪功能，让这一切在洪水肆虐之际变得更糟。当朱集镇境内发洪水时，太湖渠内的畜禽养殖粪便和粪水在洪水的冲刷下进入白河、唐白河，最终进入汉江，污染汉江水质。

办案过程展示

本系列案件是由福建省绿家园环境友好中心对 7 个环境污染者分别提起的诉讼，此外，襄阳正大农牧食品有限公司不作为单独被告，而是在 7 个案件中承担连带责任。为清晰直观地对案件事实进行还原，现将本系列案件有关办案过程予以呈现，并对《民事起诉状》《证据材料目录》以及《调解协议》（见附录）摘录整合如下，以兹了解。

一、民事起诉状

表 1　民事起诉状

被告：襄阳正大农牧食品有限公司 原告：福建省绿家园环境友好中心	诉讼请求之一	诉讼请求之二		诉讼请求之三	诉讼请求之四	诉讼请求之五
被告：襄阳市襄城区天牧养殖专业合作社	判决被告立即停止向太湖渠排污。	判决二被告赔偿生态环境修复费用和生态环境受到损害至恢复原状服务功能损失（最终以环境损害评估鉴定金额为准，支付到法院指定账户），该款用于襄阳市汉江流域水生态环境治理或者环培宣传教育活动。	暂定650万	判决二被告通过襄阳市政府门户网站、襄视电台、襄阳日报向全市人民承认错误，赔礼道歉。	判决被告赔偿我单位因本案诉讼支出的环境损害评估鉴定费、检测费、专家咨询费、律师费、工作人员差旅费等暂定。	判决被告承担本案诉讼费用。
被告：襄阳市襄州区朱集兴合牲猪养殖专业合作社			暂定284.8万			
被告：襄阳市襄州区亿嘉禾生猪养殖家庭农场			暂定170.8万			
被告：襄阳市襄州区朱集镇宁愿生猪养殖场			暂定32.9万			
被告：襄阳市襄州区明军四季养猪专业合作社			暂定72.4万			
被告：襄阳市襄州区牧丰源生猪养殖家庭农场			暂定144.9万			
被告：崔某某，个体工商户			暂定18万			

事实和理由：

福建省绿家园环境友好中心是在福建省民政厅登记注册的民办非企业单位，宗旨是遵守国家的宪法、法律、法规和国家政策，遵守社会道德风尚，普及公民环境保护意识，保护生态环境与生态平衡，倡导绿色消费，促进社会、环境、生态、经济和谐的可持续发展。业务范围是保护生态环境、传播环境文化、开展学术技术交流。我单位专门从事环境保护公益活动连续五年以上且无违法记录。对污染环境、破坏生态，损害社会共利益的行为有权提起公益诉讼。

我单位调研汉江流域水污染发现，以上生猪养殖场项目没有进行环境影响评价，违法开工建设。该项目所在区域主要环境保护目标地表水是白河，保护等级是《地表水环境质量标准》（GB3838-2002）Ⅳ类，环境功能区敏感系数为4。太湖渠主要水体功能以泄洪和农业灌溉为主。太湖渠内的养猪粪便和粪水进入白河，然后流经唐白河，最终进入汉江，污染汉江水质。

此外，我单位通过调研还发现，被告7家养殖场是经襄阳正大农牧食品有限公司（以下简称"襄阳正大"）验收、确认符合其养殖标准后，襄阳正大委托其养猪。襄阳正大按批次无偿向被告的7家养殖场提供仔猪、饲料、药品、取暖用煤等原材料，以及养殖、防疫、饲养技术指导与咨询。被告按襄阳正大要求的批次交付育成猪数只，返还剩余原材料。襄阳正大按批次向被告支付报酬。襄阳正大明知被告没有进行环境影响评价，违法开工建设，依然委托被告养猪，与其余七被告的关系是事前有意思联络的共同侵权，襄阳正大对其他被告违法生产并向太湖渠排污，污染环境造成的损害应当承担连带责任。汉江是襄阳市最主要的水系，是长江最大支流，是襄阳市最主要的生产、生活用水水源及纳污水体。七被告违法排污给汉江襄阳市区段和下游的集中饮用水源安全带来威胁，给长江中下游流域水环境质量考核带来极大的压力。因此，保护汉江水生态环境，既是襄阳市实现经济、社会和环境的可持续发展的需要，也是基于保障长江中下游水生态安全的大局需要。

为保护汉江和长江中下游流域水环境，我单位根据《中华人民共和国民法总则》第8条、第9条，《中华人民共和国环境保护法》第6条、第19条，《中华人民共和国环境影响评价法》第25条，《建设项目环境保护管理条例》第9条，《中华人民共和国侵权责任法》第8条、第9条、第65条、第66条；《最高人民法院关于审理环境民事公益诉讼案件适用法律若干问题的解释》之规定，特向你院起诉。请你院支持我单位诉讼请求。

二、证据材料目录

表 2　证据目录第一组

<table>
<tr><td colspan="4" align="center">第一组</td></tr>
<tr><td align="center">序号</td><td colspan="2" align="center">证据名称</td><td align="center">证明对象</td></tr>
<tr><td rowspan="14">福建省绿家园环境友好中心</td><td align="center">1</td><td>原告登记证书</td><td rowspan="2">证明一：原告在福建省民政厅登记注册。
证明二：原告业务范围是保护生态环境。</td></tr>
<tr><td align="center">2</td><td>组织机构代码证</td></tr>
<tr><td align="center">3</td><td>法定代表人身份证明</td><td rowspan="2">证明原告法定代表人为林某某。</td></tr>
<tr><td align="center">4</td><td>法人代表人公民身份证</td></tr>
<tr><td align="center">5</td><td>福建省民政厅民办非企业单位年度检查结论通知书（2012 年至 2016 年）</td><td>证明一：原告 2012 年至 2016 年连续 5 年度检查合格。
证明二：原告最近 5 年每年都开展环境保护公益活动。</td></tr>
<tr><td align="center">6</td><td>章程</td><td>证明原告是专门从事环境保护公益活动的社会组织。</td></tr>
<tr><td align="center">7</td><td>声明书</td><td>证明原告自成立起无违法记录。</td></tr>
<tr><td colspan="3">该组证据证明原告符合《环境保护法》的规定，具有提起环境公益诉讼的主体资格。</td></tr>
<tr><td align="center">8</td><td>①襄阳正大农牧食品有限公司企业信用信息公示；②襄阳市襄城区天牧养殖专业合作社企业信用信息公示；③襄阳市襄州区朱集兴合牲猪养殖专业合作社企业信用信息公示；④襄阳市襄州区亿嘉禾生猪养殖家庭农场企业信用信息公示；⑤襄阳市襄州区朱集镇宁愿生猪养殖场；⑥襄阳市襄州区明军四季养猪专业合作社企业信用信息公示；⑦襄阳市襄州区牧丰源生猪养殖家庭农场企业信用信息公示；⑧崔某某的畜禽养殖场基础信息表</td><td>证明被告诉讼主体资格。</td></tr>
<tr><td colspan="3">该组证据证明被告诉讼主体资格。</td></tr>
</table>

表3　证据目录第二组

		第二组	
	序号	证据名称	证明对象
福建省绿家园环境友好中心	5	襄阳市襄城区天牧养殖专业合作社万头猪场建设项目环境影响评价报告书	证明一：被告养殖废水作为有机肥，不得外排。 证明二：被告厂区鱼塘连接沈家洲河、渭水水库。 证明三：渭水水库水质总磷、高锰酸盐指数超过《地表水环境质量标准》（GB 3838-2002）Ⅲ类标准要求。
	6	行政处罚决定书（襄城环罚字〔2017〕XC45号）	证明朱集镇宁愿生猪养殖场、牧丰源生猪养殖家庭农场未向环评审批部门报批建设项目环境影响评价文件，擅自开工建设，并在建成后投入使用。
	7	行政处罚决定书（襄州环罚字〔2017〕C47号）	
	8	行政处罚决定书（襄州环罚字〔2017〕C32号）	
	9	襄阳市襄州区牧丰源生猪养殖家庭农场排污视频4份	证明襄阳市襄州区牧丰源生猪养殖家庭农场向太湖渠排放养殖废水。
	10	《动物防疫条件合证》申请表（襄阳市襄州区朱集兴合牲猪养殖专业合作社）	证明襄阳市襄州区朱集兴合牲猪养殖专业合作社生猪存栏量为7000头，襄阳市襄州区亿嘉禾生猪养殖家庭农场生猪存栏量为4400头。
	11	《动物防疫条件合证》申请表（襄阳市襄州区亿嘉禾生猪养殖家庭农场）	
	12	新闻《襄州区启动唐白河整体综合开发项目》	证明太湖渠是唐白河8条小支流之一，唐白河是汉江一级支流。
	13	新闻《王宇华视察朱集白河堤三合段崩岸险情》	证明朱集镇境内洪水从太湖渠泄入白河。
	14	新闻《襄阳市副市长陈清泉到襄州区检查指导防汛工作》	

续表

第二组			
	序号	证据名称	证明对象
福建省绿家园环境友好中心	15	原告检测太湖渠水质数据	证明三合村太湖渠入白河交汇处氨氮超标。
	16	襄审批环评〔2016〕72号批复和襄州区亿嘉禾生猪养殖家庭农场建设项目环境影响报告书	证明一：白河水质执行《地表水环境质量》（GB3838-2002）Ⅳ类标准，氨氮≤1.5mg/1。证明二：太湖渠主要水体功能为泄洪和农业灌溉。证明三：太湖渠是唐白河支流，唐白河是汉江流域面积最大的一条支流。
	17	襄审批环评〔2017〕79号批复和襄州区朱集兴合牲猪养殖专业合作社年出栏1.4万头生猪养殖项目环境影响报告书	
	该组证据证明被告排到太湖渠的畜禽粪便和粪水进入白河、唐白河，最终进入汉江，污染汉江水质。		

肆

办案笔记

2017年6月，襄阳市绿家园环境法宣教中心和福建省绿家园环境友好中心对襄州区朱集镇太湖渠污染进行了首次联合调研，并决定对太湖渠畜禽养殖污染提起公益诉讼。

此后，在2017年酷暑时节，环境守护者们历经多次实地调查，积极取证。一方面，绿家园团队和吴安心律师多次走访当地，并借助无人机、摄影机等设备，获取到被告崔某某和被告"宁愿生猪养殖场"通过开挖明渠、被告"亿嘉禾"

和被告"牧丰源"通过开挖排污明渠连接水田灌溉渠、被告"朱集兴合"通过暗管、被告"明军四季"通过水田灌溉渠向太湖渠排放畜禽养殖粪便或者粪水，太湖渠成了六被告的天然化粪池，在三合村太湖渠入白河交汇处，致使污水流入白河，将近处的白河水染成一片污浊。福建绿家园对该处水质进行检测，氨氮超标。同时，获取到"襄阳正大"委托上述六被告进行养殖并为这六被告的养殖场提供设备、设施、原材料等证据，及其明知六被告违法向太湖渠排污，仍进行委托的相应证据，并足以证明其构成事先有意识联络的共同侵权。另一方面，吴安心律师积极向襄州区环境保护局申请环评文件、环评批复、验收监测报告、排污许可证副本、行政处罚决定书以及责令改正违法行为决定书，以获取本系列案件被告未进行环境评价或是环境评价不合格情况的有关证据，进一步确认各被告之侵权责任。

环境民事公益诉讼并非母亲河保护的起点。面对岌岌可危的生态环境，从污染发生的那刻起，我们就应当采取行动。绿家园接到群众反映之后，立刻将该情况汇报至襄州区水利局，襄州区水利局也迅速给予回应，通报了对太湖渠的整治措施，并且襄阳市已将太湖渠纳入了河（库）长管理的范围。此外，湖北省襄樊市环境保护协会会长致信朱慧常务副市长，副市长采纳了其生态环境保护建议，并予以相应鼓励和支持。

2017年6月28日，绿家园与襄阳市检察机关取得联系，并对随州市曾都区环保分局进行走访，该局局长杨光发表示愿意和绿家园合作，为提起环境民事公益诉讼提供案源并作为支持单位。

8月23日，福建绿家园林英主任、案件代理律师吴安心前往湖北襄阳市襄州区人民法院与武汉海事法院裴副院长就福建绿家园与崔某某、襄阳市襄州区明军四季养猪专业合作社、襄阳市襄州区牧丰源生猪养殖家庭农场、襄阳市襄州区朱集镇宁愿生猪养殖场、襄阳市襄州区亿嘉禾生猪养殖家庭农场、襄阳市襄州区朱集兴合牲猪养殖专业合作社、襄阳正大农牧食品有限公司污染环境公益诉讼案进行了长达3小时的沟通。武汉海事法院建议该案撤诉后分案起诉，即拆分为崔某某、襄阳市襄州区明军四季养猪专业合作社、襄阳市襄州区牧丰源生猪养殖家庭农场、襄阳市襄州区朱集镇宁愿生猪养殖场、襄阳市襄州区亿嘉禾生猪养殖家庭农场、襄阳市襄州区朱集兴合牲猪养殖专业合作社6个案件单独起诉。其中：襄阳正大农牧食品有限公司分案后不作为单独被告，而是在6个案件中承担连带责任。如此，分案审理的优势明显：一方面，本系列案件原告较多，但污染程度不一，分案处理更利于作出针对性的判决，各方责任划分明晰；另一方面，让襄阳正大农牧食品有限公司在每一个案件中均承担连带责任，其本质上，是对生态环境保护最大化。

2017年8月24日，福建绿家园递交分案起诉材料。8月28日，武汉海事法院受理了此案。此案也是湖北武汉海事法院受理的第一例由环保公益组织提起的环境公益诉讼，意义深远。

2018 年 6 月 1 日，福建绿家园法律团队林英主任、邓佳瑜、吴安心律师与复旦大学刘瀚斌博士前往湖北省武汉海事法院对湖北省襄阳市襄城区水污染案件陈述调解意见，并提交由刘瀚斌博士经现场调研后制定的生态损害评估报告。

同年 11 月 29 日，经武汉海事法院主持调解，原被告双方达成调解协议，并由武汉海事法院将民事起诉状、调解协议在法院公告栏和官方网站进行了为期 30 日的公告。公告期满后未收到任何意见或建议。调解书经各方当事人签收后，即具有法律效力。

伍

案件评析

2019 年 1 月 9 日，由武汉海事法院审理的原告福建省绿家园环境友好中心诉被告襄阳市襄州区亿嘉禾生猪养殖家庭农场、被告襄阳正大农牧食品有限公司水污染环境民事公益诉讼等 7 个案件，向当事人送达了民事调解书，正式结案。

该案系由武汉海事院受理的第一批由环保公益组织提起的环境民事公益诉讼案件，也是《中华人民共和国人民陪审员法》颁布实施以后，武汉海事法院第一批由审判员和人民陪审员共同组成合议庭审理的案件，同时也是自该法院全国

环境资源司法实践基地挂牌和其环境资源庭设立以来审结的
第一批因畜禽养殖污染物排放引发的水污染环境民事公益诉
讼案件。

武汉海事法院院长吕小武多次强调，环境资源案件，涉
及社会公共利益和生态文明建设，社会关注度高，必须从坚
决打好污染防治攻坚战的高度着眼，从生态系统整体性和长
江流域系统性入手，按照"共抓大保护、不搞大开发"要求，
强化生态系统的保护和修复思维，依法审理好环境资源案件。
而这批案件涉及农村的民生、农业的发展与环境保护之间的
协调问题，也是中央环保督察组和省环保督查组反馈的重点
领域，审理难度大，矛盾比较尖锐。这批案件由武汉海事法
院党组成员、副院长裴缜担任审判长，与法院 2 名主审法官
和 4 名人民陪审员组织合议庭进行审理。合议庭制定了周密
的审理计划，做到审理过程有预案、突发情况有措施、出现
舆情有应对、发生矛盾有保障。合议庭积极与当地党委政府
和环保部门建立了良好的沟通渠道，得到襄阳市、襄州区、
朱集镇党委和人民政府的大力支持。合议庭成员先后十余次
前往襄阳实地勘查污染状况，并与当事人面对面开展调解工
作，充分关切各方当事人的合理诉求，妥善处理利益冲突，
力争协调推进经济发展和生态环境保护，最终以调解方式结
案。

该案的调解协议同样值得一提。武汉海事法院以虚拟治
理成本法为基础，结合实际污染状况和专家评估意见，综合
运用技术分析和法理分析，合理确定赔偿金数额，以此促

成当事人达成调解协议。调解协议中以牲猪养殖污染环保治理技术升级费用部分替代赔偿生态环境服务功能损失费的条款，创新了畜禽养殖污染公益诉讼案件赔偿的方式，鼓励畜禽养殖户加大污染治理技术改造力度，同时将被告赔偿的生态环境服务功能损失费直接委托当地环保局、林业局用于受污染河段两侧的植树复绿，创新了生态环境修复的措施，为当地美丽乡村建设和生态文明建设保驾护航。

同时，本案作为由 7 个案件组成的系列环境民事公益诉讼，具有较大的社会影响力，该案极大地促进了公众环保意识的提高和当地政府畜禽养殖污染治理工作的开展，积极创新污染治理模式和水域保护机制，推动了太湖水域和汉江流域的治理与保护工作，实现了法律效益和社会效益的最大化，同时也是贯彻落实习近平总书记关于推动长江经济带发展以及"长江大保护"重要指示精神和视察湖北重要讲话精神的具体体现，为长江经济带高质量发展提供了有力的司法保障。

陆

执行现状与后续监督

武汉海事法院受理的第一例由环保公益组织提起的环境公益诉讼系列案件——福建省绿家园环境友好中心诉襄阳市

襄州区亿嘉禾等 7 家生猪养殖场、襄阳正大农牧食品有限公司通海水域污染损害责任纠纷环境民事公益诉讼一案最终以调解方式结案，双方当事人就赔偿金额及替代性赔偿方式等事项达成一致，双方的诉讼阶段就此告一段落。

此外，根据武汉海事法院建议，襄州区林业局还制定了朱集镇畜禽养殖公益诉讼案植树复绿方案，并拟定由林业局代理实施完成。该植树复绿方案经武汉海事法院同意，进一步明确了植树复绿工作的具体事项，包括①植树复绿地点及总投入苗木；②植树标准因渠段而有所不同，朱集街沿渠南北共 1 公里，植 8 厘米～10 厘米的柳树，一渠两排，株距 5 米，其他渠段 12 公里植 5 厘米～6 厘米的柳树或其他树种，一渠两排；③扶持农户栽植优质果树 280 亩左右，品种由农户自定自购，林业局共计扶持 5 年；④设立公示牌接受社会监督；⑤约定管护责任，即太湖渠复绿由林业局与朱集镇人民政府签订为期 10 年的管护合同，果树管理由林业局与农户签订为期 10 年的管护合同，每年 10 月份由林业局组织专业技术人员检查验收确认合格达标后发放补贴款；⑥复绿资金专款专用，在林业局账户内设立专项明细科目，并接受武汉海事法院监督。

在此方案基础上成立的植树复绿合同以及果树种植合同还具体约定了各方责任以及违约责任等事项，并确定在 2019 年 3 月底之前完成造林。

表4 植树复绿合同

合同当事人	襄州区林业局	朱集镇人民政府
责任范围	(1) 向朱集镇人民政府提供所需栽全部合格树苗。 (2) 指导栽植技术。 (3) 对植树地点进行10年的检查验收。	(1) 承担栽植费和管护费。 (2) 在2019年2月20日之前按指定要求完成挖窝。 (3) 按植树技术要求，严把植树质量。 (4) 树木栽植完后，固定专人进行10年的管护。 (5) 确保全渠成活率达到90%以上。

表5 果树种植合同

合同当事人	襄州区林业局	村　民
责任范围	(1) 协调并组织果树生产专业技术人才对种植户进行果树技术知识培训，协助解决遇到的生产问题。 (2) 每年10—11月份组织相关专业人员对乙方果园的成活率、保成率和生长状况进行检查验收。 (3) 验收合格后，每年付给种植户补贴款。	(1) 自选自购适合本地生长环境、品质优良、高产且达到国家规定的一、二级标准的果树苗木。 (2) 根据品种和管理要求进行合理化种植。 (3) 在2019年3月20日之前完成种植。 (4) 负责10年以上的管护并保证成活率达到90%以上。

　　复绿之所以选择了种植果树这一生态价值更小的林木，是因为基于案件所在地为"农业大县，林业小县"的实际情况考虑，该县一些规划林业用地实际上在种庄稼，而非林木。考虑到农户的生活问题，让原本种庄稼的农户改为种果树已是极大的妥协。否则，面对彻底退耕还林后农民生活的压力

与环保需求，除非省和中央有统一政策和资金安排，不然，在实际操作中将会面临较大难度。

值得关注的是，在福建绿家园提起朱集镇畜禽养殖公益诉讼案之后，朱集镇畜禽养殖环境问题开始引起各方重视并采取相关治理措施。在福建绿家园提供的《生态环境损害技术评估工作方案》中，专家团队分别对襄阳市襄城区天牧养殖专业合作社万头猪场建设项目、襄阳市襄州区朱集兴合牲猪养殖专业合作社年出栏 1.4 万头生猪养殖项目、襄阳市襄州区亿嘉禾生猪养殖家庭农场建设项目进行了初步踏勘，并就项目存在的主要问题给出了具体的参考性治理方案。襄州区人大也成立了专门的调查组，紧紧围绕河库长制的方案制定、责任落实、制度执行、考核评估等方面进行了详细调查，并发布《关于襄州区人大对河库长制工作情况的调研》，为后期治理工作的开展提供支撑。

与此同时，为彻底解决养殖污染问题，推动畜牧业的可持续发展，襄州区对养殖场采取减量改造并对异位发酵床模式进行治理，并采取"每建一座发酵床，畜牧部门奖励 1 万元，合作的正大公司奖励 4 万元"的鼓励措施。截至 2018 年 3 月，朱集镇 109 栋猪舍全部进行了减排改造，已建成 53 座异位发酵床，养殖污染得到了有效遏制，朱集太湖渠的水质得到恢复。该区畜牧局还组建技术专班，根据"源头减量，过程控制，末端利用"的治理原则，对全区 449 家规模养殖场实行"一场一策"管理。截至 2018 年 6 月，已有 29 家实施设施化处理、达标排放，271 家实行干湿分离处理，67 家建干粪堆集棚集中处理，115 家建存储池，65 家建沼气池，75 家建异位发酵床，274 家实行种养结合资源化利用，全区畜禽养殖废弃物资源化利用率达到 69%，实现了生态与经济并行发展。

2018 年 4 月，经过前期整治，太湖渠的生态环境相较以前有了很大改善，朱集镇污水处理厂建设工作也有条不紊地进行着。

2018 年 5 月，包括渠系清淤疏浚、连锁砖护坡、渠顶步道修建及绿化等项目的"襄州区朱集镇项目区河道清淤疏浚与清障工程"（太湖渠清淤疏浚）也正式开工启动，项目部及三个标段工程队均已进驻，同时启动建设。据悉，该项目建设将惠及周边四新村、翟湾村、王集村、杨岗村、旺午村、朱集村等 4 万多居民。目前，在合议庭的督促下，调解协议已顺利履行。600 多亩树苗已栽种完毕，这里也将成为未来宣传环境保护和环境公益诉讼的一个重要教育基地。希望通过各方的努力，能够守护这片碧水蓝天。

柒

尾　记

我们每个人脚下都流淌了一条河流，我们目向远方行色匆匆，从不停留、欣赏脚下丈量着征途的蜿蜒河流，但其实只要我们驻足，就能看到它的变化，只要伸手，我们就能感受到它的温柔。

自然环境是人类生存与发展的基础所在，系及子孙后世，关及千秋万代。生态环境没有替代品，用之不觉，失之难存，短视之下的疯狂逐利必然会导致长远未来更为严重的损失。我们应该明白，这些天空、山川与河流不仅仅属于我们，还属于那些正在孕育或是尚未出生的孩子。当下的我们没有权利只知消费、不知克制，没有权利只知抱怨、不知保护，我们有责任去守护我们唯一的家园。

这个世界与我们有关，未来的世界也与我们息息相关。

捌

附 录

调解协议
（摘录）

在本案审理过程中，各被告在政府指导、正大公司的帮助下投入资金进行污染治理环保技术升级，采用异位发酵床技术处理污染物，或是扩建了配套污染防治措施，采取黑膜沼气发电技术对污染进行治理，经过武汉海事法院

表 6　生态环境服务功能损失

案　号	（2018）鄂72民初31号	（2018）鄂72民初1610号	（2018）鄂72民初1694号	（2018）鄂72民初1695号	（2018）鄂72民初1696号	（2018）鄂72民初1697号	（2018）鄂72民初1698号
被　告	襄阳市襄城区天牧养殖专业合作社	襄阳市襄州区朱集兴合生猪养殖专业合作社	襄阳市襄州区亿嘉禾生猪养殖家庭农场	襄阳市襄州区朱集镇宁愿生猪养殖场	襄阳市襄州区明军四季养猪专业合作社	襄阳市襄州区牧丰源生猪养殖家庭农场	崔来未
生态环境服务功能损失*	70万元。	60万元，其中40万为技术升级抵扣费用。	36万元，其中27万为技术升级抵扣费用。	7万元，其中3.9万为技术升级抵扣费用。	15万元，其中10万为技术升级抵扣费用。	30万元，其中20万为技术升级抵扣费用。	3.8万元，其中2.5万为技术升级抵扣费用。

* 襄阳正大连带责任，为进行养殖污染治理进行环保技术升级的费用可作为替代性抵扣。

主持调解，本系列案件现已全部调解结案。当事人自愿达成调解协议，并申请法院予以确认。现将调解协议进行摘录整合如下：

一、请求本院确认被告襄阳正大农牧食品有限公司及其他被告连带赔偿本案环境污染生态环境服务功能损失。

二、上述款项中被告除去环保技术升级的费用（已经核定的正式票据），剩余款项在本协议生效之日起约定期限内支付至襄州区林业局账户用于公益植树造林。

三、原告对上述环保技术升级情况及赔偿费用的使用情况有监督的权利。

四、本案原告实际支出的律师代理费用、专家咨询费、差旅费、实施监督费等合理费用，由被告承担，并于协议生效之日起 15 日内支付至原告指定账户。

五、案件受理费因调解而减半收取，由被告负担。

六、上述协议经各方签字后公告 30 日，无不同意见则协议生效。

本院将民事起诉状、调解协议在本院公告栏、官方网站进行了为期 30 日的公告。公告期满后未收到任何意见或建议。本院认为，上述协议不违反法律规定和社会公共利益，本院予以确认。本调解书经各方当事人签收后，即具有法律效力。

第五案 生态诉讼的异地修复
——福建连江林地破坏案

陈彩颖（编写）

案例评述

福建省绿家园环境友好中心诉福州市创世纪农业综合开发有限公司环境民事公益诉讼一案是生态理念在司法工作中的具体体现，看似是荒地的林地同样具有生态价值，破坏生态就要承担责任。本案调解有利于相关部门参与后续执行及生态修复的过程，为今后的环境民事公益诉讼提供了参考和佐证。

——刘湘　河北环境工程学院教授、律师

壹

从"菜篮子工程"说起

俗话说：民以食为天。

作为一个拥有 14 亿人口的大国，对于食品的需求自然是巨大的。本着"以人为本，民生为重"的发展方针，1988年农业部提出建设"菜篮子工程"。在党中央、国务院的指示精神下，各地方人民政府高度重视"菜篮子工程"的建设。福州市人民政府自然也不例外，"菜篮子工程"轰轰烈烈三十余年，于 2009 年已经进入快速发展的阶段。在这样的政策鼓励下，许多商人将目光瞄向了副产品行业。

丹阳镇坑口村，位于福建省福州市连江县北部，镇址属鹫峰山余脉，境内多山，水系发达，网布全境。自然环境优美，人文底蕴丰富，同时交通便捷，历来是县内主要农业区和粮食、木材、禽畜等商品集散地，虽小却闻名。

坑口村作为一块风水宝地，既有资源又有市场，遍地是商机，村里人渴望利用这片土地发家致富，村外人也频频把目光聚向这块"宝地"，就像刚冒头的苗种，在等一阵春风送暖。时下，"菜篮子工程"提出了新目标，省、市也对副产品提出了调控要求，而福州市创世纪农业综合开发有限公司（以下简称"创世纪公司"）需要寻找新址以保证公司规模继续扩大。他们找到了这块看起来像"无用荒地"的新址，与连江县丹阳镇坑口村经济合作社签订了 30 年的承包协议，开始了宝山下的生猪养殖大业。

创世纪公司自认为其承包土地为多年的抛荒地且无种植树木痕迹，未经林业主管部门审批，仅依惯例办理了《工商营业执照》《动物防疫条件合格证》和《环保证》等证件后便开始在所承包的山地上进行工程建设，勾挖平整土地，修建办公楼、养猪场棚等建筑物，好是一派热闹。

要知道，创世纪公司与坑口村承包的看起来像"无用荒地"的 80 亩土地可是一块"价值连城"的宝地，适种类型为经济林果园和一般用材林。经济林集生态效益和经济效益为一体，不仅能为人们提供粮食、果品和油料产品，而且还具备净化空气、涵养水源等功能，可以说是解决了农村"吃"的问题。而一般用材林是以培育大径通用材种（主要是锯材）为主的森林，具有速生、丰产和质优等特性，更有保持水土的生态功能，可以说是解决了农村"住"的问题。两种类型的林地一直以来是解决"三农"问题、引导农民奔小康的重要途径。

从经济利益层面考量，林地养育所带来的经济利益不亚于创世纪公司生猪养殖所带来的经济红利；从生态利益层面考量，林地养育在水土保持、涵养水源等方面的功能更是利于当代及于后代。著名的《第十一个小时》电影中曾经提出一个设想，如果要抽出空气中的二氧化碳把其中的氧气返还到空气中，需要多少代价？——这个绿叶可以免费帮我们做到。经过计算，需要每年花35亿美元做这些自然可以免费帮我们做到的事。如果把全球年度经济收入算进来，共计18亿美元。自然免费帮我们做的事是全球收入的两倍，其自身估价无法比拟，哪里是"聪明"的商人打的"算盘"可预估的。

"绿水青山就是金山银山"，经济发展固然值得鼓励，但是理应兼顾环境发展的效益，否则一家企业的发展是难以长久的。由于创世纪公司挖山平地整办建筑设施，导致71.8亩林地被严重毁坏，无法恢复。真正的"宝地"沦为"无用之地"。

贰

群众不满的发酵

创世纪公司于2009年7月14日登记注册，与连江县丹阳镇坑口村经济合作社签订了农业承包合同书，于年底开始投入建设。在签订承包合同书时，创世纪公司作为乙方与甲方丹阳镇坑口村经济合作社争取了一系列对己有利的权利，譬如改建土坯路、地块的平整改造、泉眼水源的利用。这一系列的权利皆建立在乙方的经营之上，唯独缺少了对土地周边环境保护义务的规定。从一开始，破坏环境的"恶果"已经被种下并慢慢发酵。2012 年 7 月 5 日，丹阳林业站在森林资源保护巡查中发现创世纪公司在坑口村山场 03 大班040 小班有破坏林地的行为，便责令其停止破坏，并于 7 月6 日发出《责令停止违法行为通知书》，创世纪公司负责人于 7月 9 日签收。同时丹阳林业站也口头要求创世纪公司马上恢复已被破坏的林地的植被，并告之其如果必须使用林地需要向林业局申请审批，但是创世纪公司并没有理会。之后林业站也多次告知坑口村村委主任及村支部如果要使用林地一定要到林业局办理审批手继，并要求其督促创世纪公司办理相关审批手续，对方给予的回答是"正在办理"，但之后并未看到任何动静。

丹阳林业站的告知是群众不满意的开始。随着乡村振兴战略的推动，农村思想逐步开化，自然环保理念开始受到理解并得到支持。而真正把创世纪公司推向法律风口的是来自坑口村一位村民的举报。

2013 年 9 月 9 日 20 点 35 分，有村民向丹阳森林派出所举报："福州市创世纪农业综合开发有限公司宝山农场（养猪场）在坑口村某某山地界非法占用林地，造成林地及植被毁坏。"接到村民报案后，该派出所立即组织两名民警展开调查，并于 9 月 25 日 15 时 10 分前往现场进行实地勘查，以进一步了解创世纪公司养猪场非法破坏、占用林地面积范围及林木毁坏情况。

现场勘查发现，该农场占地面积较大，分为了新旧两部分。以农场办公室为中心,旧的养猪场在办公室的北侧和东侧,约有 20 余座养猪房,占地约 50 亩,是在 2009 年前后建成的。新的养猪场位于农场办公室的西侧,共有 8 座,据报案人反映,建设时间为 2012 年 3 月至 2013 年 9 月,他所说的被新破坏和占用的林地指的就是农场新兴建的这部分,占地约 10 亩。来到现场勘查的民警也发现,除了已经兴建的部分,在第 8 座养猪房的南面有两块新整平的土地,还有钩机在现场施工。

为了进一步了解林地被占用和破坏的具体情况,2014 年 1 月 19 日,连江县公安局森林分局委托福建鼎力司法鉴定中心对连江县丹阳镇坑口村某山下某某山养猪场占用林地种类、面积情况进行鉴定。经专业鉴定确认,该养猪场严重毁坏、占用林地 71.8 亩,其中 2010 年前被严重毁坏、无法恢复的林地为 43.6 亩,2010 年后被严重毁坏、无法恢复的林地为 28.2 亩。

叁

民事之前的刑事

侦查阶段结束后,连江县公安局森林分局将案件材料移交公诉机关。连江县人民检察院以连检刑诉〔2014〕1176 号起诉书指控被告人创世纪公司涉嫌非法占用农用地罪,于 2014 年 9 月 30 日向连江县人民法院提起公诉。

一、连江县人民检察院的指控

2009 年 9 月至 2012 年 7 月期间，创世纪公司在未经林业主管部门审批的情况下，擅自在连江县丹阳镇坑口村田螺岗、高坑林地非法勾挖平整土地，并修建办公楼及养猪场棚等建筑物。经林业技术鉴定，创世纪公司严重破坏、占用林地面积达 71.8 亩。创世纪公司违反土地管理法规，非法占用、毁坏农用地 71.8 亩，数量较大，其行为已触犯《中华人民共和国刑法》第 342 条规定，应当以非法占用农用地罪追究其责任。

表 1　公诉机关指控提供的证据

序号	证据类型	证据内容	证明内容
A1	书证	企业法人执照；承包合同；自留山证；户籍证明	证明涉案林地是被告单位从连江县丹阳镇坑口村村民委员会承包来的，被告单位非法勾挖平整土地，从事修建办公楼及养猪场棚等建筑物项目未向林业行政主管部门办理林地审批手续。
A2	证人证言	证人陈某其、陈某新、林某、林某弟、林某清、陈某凤、陈某村、单某志、林某信等人证言	证明被告单位原法人代表林某建在未办理林地审批的情况下从事非法勾挖平整土地、修建办公楼及养猪场棚等建筑物，被告单位现法定代表人林某未参与。
A3	鉴定意见	福建鼎力司法鉴定中心林业物证司法鉴定意见书	证明连江县丹阳坑口村某山下某某山养猪场严重破坏、占用、无法恢复的林地 71.8 亩。林地种类为经济林果园和一般用材林。
A4	勘查笔录	现场勘查笔录；现场照片；现场示意图	证明涉案林地位于连江县丹阳镇坑口村某山下某某山山场，福州市创世纪农业综合开发有限公司宝山农场(养猪场)内。
A5	书证	连江县公安局丹阳森林派出所办案说明；连江县人民政府连政（2014）61 号文件	证明涉案林地系连江人民政府规划的宜林地。

二、被告单位的辩称

被告单位诉讼代表人林某辩称，由于创世纪公司经营管理主要是由原法人代表林某建（已故）负责，现法人代表是在原法人代表林某建去世后才接手公司，对起诉书指控的事实并不清楚。

被告单位辩护人严某伟、郭某颖辩称，本案被告单位创世纪公司不构成非法占用农用地罪。

1. 根据法律规定，非法占用农用地（林地）及造成林地种植条件严重毁坏是构成非法占用农用地（林地）的两个必要条件，而根据本案事实，本案并不具备上述必要条件。

（1）根据被告单位创世纪公司 2009 年 1 月 1 日与连江县丹阳镇坑口村签订的《农业承包合同书》约定：坑口村村委会将位于坑口村 100 亩的田地及山坡杂地承包给创世纪公司开发使用，合同期限为 30 年。创世纪公司有权对承包经营的地块根据规模经营的需要进行平整改造，并建设规模经营所需要的经营场所。创世纪公司不存在非法占用农用地（林地）的问题，其是合法占有上述荒山的。本案公诉机关未提供相关可以用以证明被告单位所占用的都是林地的证据。

（2）从创世纪公司承租的山地的性质及承租前山地的状况来看，该块山地实属未开发的杂地或抛荒地。被告单位只是将本没有什么树木的抛荒地辟为平地，并不构成对原有植被的严重破坏或严重污染。同时，将本就是以荒草、岩石为主，并不适合树木生长的荒山辟为平地，并不构成对林业种植条件的严重破坏或严重污染。

（3）公诉机关并未提供确实充分的证据证明被告单位所用土地原是怎样的植被和种植条件，故无法认定植被和种植条件遭到严重破坏，构罪要件不具备。

2. 被告单位不具备犯本罪的主观故意。被告创世纪公司系根据当地党委政府的产业规划部署，经政府协调同意才使用本案相关山林杂地的。其虽未办理相关审批手续，但其并无非法占用农用地（林地）的主观故意，相关部门亦未认定在政府协调后使用的本案用地不能补办用地手续，本案用地完全可以根据相关规定补办审批手续，使之手续完备。故被告人不具有非法占用农用地（林地）的犯罪主观故意，依法不构成犯罪。

（1）被告单位创世纪公司的原法人代表林某建早于2003年就在连江县东湖镇开设了"福州兴邦种猪公司"并经营多年。2009年初，被告单位创世纪公司为了配合政府工作，选址在连江县丹阳镇坑口村宝山地段。由于当时养殖场搬迁时间紧迫以及省、市副食品调控要求，公司负责人林某建为了保证福州市"菜篮子工程"顺利实施，且在与村委会及部分村民签订了承包协议后，因承包的山地均为抛荒地且荒废多年，农民也未在地面上种植林木，当时无人告知被告需到林业行政部门办理相关审批手续，因此被告在接收承包的山地后，仅就依惯例在相关部门办理了《工商营业执照》《动物防疫条件合格证》以及《环保证》等证件后便开始了工程建设。同年 10 月，公司负责人林某建被诊断为胃癌，之后就一直长期住院治疗，造成了公司建设用地的审批手续一直未能如期办理。

（2）在向政府办理相关行政审批手续过程中，从未有任何部门对用地提出异议，包括林业部门亦未提出异议，且均予审批发证。更没有相关部门告知办证，或因无证而被行政责令制止或处罚过。这一事实说明被告人确不具有非法占用农用地的主观思想和故意。

（3）事实上被告在整个工程建设过程中，一直高度重视原来林地的植被保护及水土保持，避免因工程建设给环境带来不良影响，工程的主体工程全部建设在原来没有种植林木的抛荒地、杂地上。2012 年 3 月，为了保护林业资源不被破坏，被告还特地向林业行政部门申请对林木进行采伐，林业行政部门经审核后批准了被告单位的申请，并颁发了《林木采伐许可证》（采伐证号：0434420）。

3. 被告单位客观上无非法占用土地的行为。如上所述，用地是经政府部门协调而同意的，且在长达近十年的建设施工过程中，相关职能部门从未予制止或进行处罚，而都是默认被告单位的施工行为的，且相关部门都清楚本宗用地是经县人民政府协调同意的，故不能认定系非法占有。最多只能认定为"用地未审批"，可通过政府补办证件而变成合法用地。

4. 结果上，被告单位未造成刑法规定的严重后果，故本案不具备构罪的结果要件。鉴于被告工程建设所占用的主要是抛荒地、杂地等未种植林木的山地，也未对环境、植被等造成严重毁坏或污染的严重后果，根据《中华人民共和国森林法实施条例》《占用征用林地审核审批管理规范》等相关法律法规，完全可以通过行政程序要求被告依法补办相关的审批手续而无需使用严厉的刑事手段追究被告单位的刑事责任。

辩护人提交的证据（证据类型为书证）如下：

B1. 连江县丹阳镇人民政府丹政综〔2014〕340号文件；

B2. 连江县丹阳镇人民政府丹政综〔2014〕31号文件；

B3.《关于要求发畜牧业生产用地的申请报告》及连江县林业局的回复；

B4. 福建省经济贸易委员会文件（闽经贸市场〔2013〕595号）；

B5. 连江县农业局文件；

B6. 连江县国土资源局文件（连国土资信字〔2014〕34号）关于福州创世纪农村综合开发有限公司要求审批设施农业用地的反馈；

B7. 福州创世纪农村综合开发有限公司向连江县林业局提交的《关于要求畜牧业生产用地的申请报告》；

B8. 福州创世纪农村综合开发有限公司向连江县人民政府提交的《关于要求畜牧业生产用地的申请报告》；

B9. 福建省城市副品调控基地管理协议；

B10. 福州市级直控城市副食品基地管理协议；

B11. 无公害农产品产地认定证书；

B12. 种畜禽生产经营许可证；

B13. 动物防疫条件合格证；

B14. 无公害农产品证书；

B15. 无公害农产品产地环境现状评价报告。

以上证据用以证明如下事实：①被告单位是具有相关特殊行业许可证、证件，政府是同意被告单位就涉案林地进行养猪场的建设经营的，只是还没有办理林地审批手续。②用地不是被告单位擅自开发经营的，而是连江县人民政府沟通协调之后同意被告单位在丹阳坑口村使用林地开发建设的。丹阳镇人民政府还把被告单位列为丹阳镇重点企业。被告单位已经向连江县农业局上报，并得到相关部门作出的批复意见。

三、法院评判及判决

1. 结合控辩双方的事实与证据，法院对双方争议焦点综合评判如下：关于被告单位诉讼代表人林某提出"指控事实不清楚、被告单位经营管理主要是原法人代表林某建（已故）负责"的意见以及被告单位辩护人严某伟、郭某颖提出"被告单位福州创世纪农业综合开发有限公司，不构成非法占用农用地罪，本案可以通过行政程序要求被告单位依法补办相关审批手续而无需使用严厉的刑事手段追究被告单位的刑事责任"的辩护意见，法院认为，福建鼎力司法鉴定中心是合法的司法鉴定机构，其依法定程序作出的司法鉴定意见书中鉴定涉案的土地性质为山场林地种类，是依据《中华人民共和国森林法实施条例》第2条第4款的规定及连江县人民政府通过法定程序制定的《连江县林地保护利用规划（2010—2020）》，确认本案被破坏的林地性质为山场林地，具有法定效力。同时，证人陈某其、陈某新、林某、林某弟、林某清、陈某凤、陈某村、单某志、林某信等人证言证明，被告单位原法人代表林某建在未经林地主管部门审批的情况下，擅自在连江县丹阳镇坑口村田螺港、高坑林地非法勾挖平整土地，并修建办公楼及养猪场棚等建筑物，严重破坏林地。因此，可以认定被告单位构成非法占用农用地罪。被告单位诉讼代表人林某的辩解意见及其辩护人的辩护意见均不成立，法院不予采纳。

2. 法院判决如下：

被告单位福州创世纪农业综合开发有限公司违反土地管理法规，非法占用、毁坏农用地71.8亩，数量较大，其行为已构成非法占用农用地罪，公诉机关指控的罪名成立，被告单位应负相应的刑事责任。依照《中华人民共和国刑法》第30条、第31条、第342条、第346条之规定，判决如下：

被告单位福州创世纪农业综合开发有限公司犯非法占用农用地罪，判处罚金人民币2万元（罚金限于判决生效之日起1个月内缴纳）。

肆

生态修复的补位

被告单位虽因刑事犯罪受到惩处，但其毁坏的林地和破坏的生态环境并没有得到修复。区区2万元的罚金对于创世纪公司而言不过是账本上的一小行黑字，而对于最大利益受损方即这片土地上的自然万物，包括坑口村村民，金钱实在弥补不了这片土地的损失，然而村民也未继续抗议。就在许多人都以为这起创世纪公司非法占用农用地罪案就以此一审收尾的时候，福州市人民检察院和福建省绿家园环境友好中心站了出来。

2015年12月24日，《人民检察院提起公益诉讼试点工作实施办法》开始实行，该《办法》规定人民检察院在提起民事公益诉讼之前，应先建议辖区内环保组织提起环境民事公益诉讼。因此，2016年11月22日，福州市人民检察院向绿家园发来榕检民建〔2016〕1号检察建议书，建议绿家园履行环境保护职责，对创世纪公司的毁林行为提起环境民事公益诉讼，促使破坏的生态环境得到修复。

福建绿家园是成立于1998年的非营利性民间环保组织，依法具有提起环境民事公益诉讼的原告主体资格。二十余年来，绿家园持续推动环境保护工作，在生态保护和污染防治领域坚持为无辜的大自然代言，2015年1月1

日与自然之友提起新《环境保护法》实施后的第一起环境民事公益诉讼案——福建南平生态破坏案。

绿家园接到福州市人民检察院检察建议书后，在林业机关的支持下积极前往毁林现场进行调研，调查收集相关证据资料，提起本案诉讼。请求福州市中级人民法院判决被告异地恢复 71.8 亩林地或者赔偿生态环境修复费用暂定 100 万元，赔偿生态环境受到损害至恢复原状期间服务功能损失暂定 150 万元，承担本案诉讼实际支出暂定 30 万元。

一、诉前准备

与以往不同的，这是福建省第一例由人民检察院提供案件线索，由辖区内环保组织向被告提起环境公益诉讼的案件。对于"第一例"的头衔既有压力也有动力，正如那句话所说："欲戴其冠，必承其重"。

2016 年 7 月下旬至 8 月上旬，绿家园相关负责人从了解案件入手，多次走访福州市人民检察院，了解本案的相关情况，取得了本案相关证据材料并与福州市人民检察院相关人员讨论诉讼方案，并多次前往现场进行调研。在绿家园等多方的努力下，福州市林业局、连江县林业局也向绿家园伸出了"橄榄枝"，与福州市人民检察院纷纷出具支持起诉意见书。在准备起诉阶段，除了案件诉求的商讨，绿家园也积极寻求林业部门的帮助，希望其协助制定 71.8 亩林地的异地恢复方案，选择、安排合适的方法用以进行异地恢复林地。

同时还请相关生态学专家计算生态服务功能损失费用以及为判决后被告不能在指定期限内恢复的生态环境修复费等问题出具专业的意见。连江县林业局干部在本案中实际上发挥了专家辅助人的作用，他们结合该县林地划分、造林、育林技术要求，提出了专业的意见和建议，为推动后续案件的调解起到了极大的作用。

2016年12月26日，绿家园向福州市中级人民法院提交相关材料并立案，在等待答辩通知期间，被告多次找到绿家园希望撤诉，在得知环境民事公益诉讼在达成环境保护公共利益的目的前不能撤诉后，积极表示愿意调解。后在检察机关、林业机关和中国政法大学污染受害者法律帮助中心等单位的大力支持下，绿家园和被告创世纪公司就调解方案进行了多次商议。

二、案件起诉过程材料呈现（摘录）

民事起诉状

诉讼请求：

一、判决被告于2017年3月12日前按照《造林技术规程》（GB/T15776）并结合当地林业行政部门执行的造林技术标准和要求异地恢复71.8亩林地，对林木按照《森林抚育规程》（GB/T15781）并结合当地林业行政部门执行的森林抚育技术标准和要求抚育管护3年（管护时间从71.8亩林地验收合格之日起计算）。

二、被告不能在第一项指定的期限内异地恢复 71.8 亩林地，应于期限届满之日起十日内赔偿生态环境修复费用暂定 100 万元（支付到法院指定账户），该款用于本案的生态环境修复。

三、判决被告赔偿生态环境受到损害至恢复原状期间服务功能损失暂定 150 万元（支付到法院指定账户），该款用于本案的生态环境修复或公共生态环境修复。

四、判决被告赔偿原告因本案诉讼实际支出的环境损害评估鉴定费、专家咨询费、律师服务费、工作人员和律师差旅费等。

五、判决被告承担本案诉讼费用。

事实和理由（摘录）：

2009 年 9 月至 2012 年 7 月间，被告在未经林业主管部门审批的情况下，擅自在连江县丹阳镇坑口村田螺岗、高坑林地，非法勾挖平整土地，并修建办公楼及养猪场棚等建筑物。经福建鼎力司法鉴定中心鉴定：连江县丹阳镇坑口村宝山下长垅山养猪场即被告占用并造成 71.8 亩林地被严重毁坏，无法恢复。被占用林地种类为经济林果园和一般用材林。以上事实有福建鼎力司法鉴定中心林业物证司法鉴定意见书 [闽鼎（2014）林鉴字第 40 号]、连江县人民法院刑事判决书 [（2014）连刑初字第 349 号] 等证据证实。

根据《全国森林经营规划（2016—2050 年）》，一般用材林和部分经济林，兼顾生态保护调节、生态文化服务或生态系统支持功能。上述功能属于生态服务功能。根据原告宗旨和业务范围，原告有维护森林生态服务功能不受损害的责任和义务。

本案中，被告未经批准改变林地用途兴建养猪场，造成 71.8 亩林地无法原地恢复，破坏了森林生态服务功能，造成生态服务价值损失。原告故根据《中华人民共和国森林法》第 1 条、《中华人民共和国环境保护法》第 58 条等规定，特向你院起诉。二支持单位根据《中华人民共和国民事诉讼法》第 15 条，支持原告起诉。请法院支持原告诉讼请求。

此致

福州市中级人民法院

福州市林业局支持起诉意见

根据《全国森林经营规划（2016—2050 年）》，一般用材林和部分经济林，兼顾生态保护调节、生态文化服务或生态系统支持功能。上述功能属于生态服务功能。因此，本案被告未经批准改变林地用途兴建养猪场，造成 71.8 亩林地无法原地恢复，破坏了森林生态服务功能，造成生态服务价值损失。

我省森林资源丰富，林业在我省国民经济中占有十分重要的地位，但违法行为人乱砍滥伐、侵占林地的形势依然严峻，需要运用更多的法律手段来保护森林资源。根据《中华人民共和国森林法》第1条、《中华人民共和国民事诉讼法》第15条规定，对贵院受理的福建省绿家园环境友好中心对福州市创世纪农业综合开发有限公司环境侵权责任提起的民事公益诉讼一案，本单位将在以后审判和执行工作中提供以下支持：

一、指导所在地连江县林业局编制《森林植被恢复方案》，选择确定宜林地及协调异地种植工作。

二、指导所在地连江县林业局按照国家《造林技术规程》（GB/T15776）、福建省《造林作业设计技术规程》（DB35/T641）、福建省《造林技术规程》（DB35/T84）和《森林抚育规程》（GB/T15781）规定，对修复结果进行验收。

此致

福州市中级人民法院

三、法庭调解

原告福建绿家园与被告创世纪公司环境侵权责任纠纷公益诉讼一案系由环境保护公益组织作为原告提起，是福州市首起环境民事公益诉讼案件。本案立案后，依照法律规定的程序，将相关诉讼程序材料进行送达。并于2017年5月31日公开开庭审理本案，庭上，双方当事人充分发表自己的意见。在审理过程中，双方当事人均有很强的调解意愿。庭后，经法院组织，双方就生态修复内容、如何补种复绿、验收等达成了调解协议。

调解协议书内容如下：

1. 被告于2018年4月30日前，按照《造林技术规程》（GB/T15776）并结合连江县林业局执行的造林技术标准和要求营造145亩生态公益林或重点区位内的集体商品林，林木胸径3厘米以上，并经连江林业局验收合格。

2. 从145亩生态公益林或重点区位内的集体商品林验收合格之日起，被告按照《森林抚育规程》（GB/T15781）并结合连江县林业局执行的森林抚育技术标准和要求抚育管护3年，并经连江林业局验收合格。

3. 被告不享有145亩生态公益林或重点区位内的集体商品林种植林木所有权。

4. 由原告委托有资质的设计单位对145亩生态公益林或重点区位内的集体商品林进行造林设计。设计文件作为被告营造、抚育管护生态公益林或重点区位内的集体商品林，并作为连江县林业局验收、原告现场检查的依据。造林设计费或者专家费由被告据实承担。

5. 被告不能按第一项营造生态公益林或重点区位内的集体商品林，并经连江林业局验收合格，应于期限届满之日起10日内赔偿生态环境修复费用100万元。被告不能按第二项抚育管护生态公益林或重点区位内的集体商品林并经连江林业局验收合格，应于期限届满之日起十日内赔偿生态环境修复费用 150 万元。上述款项支付到法院指定账户，用于本案的生态环境修复或公共生态环境修复。

6. 自本调解协议签订之日起，被告应从 2018 年起，在每年 6 月、12 月，向法院及原告通报营造、抚育管护生态公益林或重点区位内的集体商品林的进展情况，并接受原告及社会监督。原告有权随时到现场检查营造、抚育管护生态公益林或重点区位内的集体商品林情况。

7. 被告向原告支付律师费 12.5 万元、差旅费 5 万元、调查费 5 万元。本案案件受理费 29 200 元，由被告负担。

8. 原、被告同意本案调解书由法院在中国裁判文书网公开，接受社会监督。

伍

案件观点及案件评析

福州市中级人民法院：福州市首起环境民事公益诉讼案件

案件之所以能成功调解，主要基于如下方面：

1. 庭前作了很多准备工作。因为本案涉及公共利益，法院审理极为谨慎。在 5 月初，法院就组织双方当事人参加庭前会议，主要对案件的事实交换证据，并组织前期的调解。

当时原、被告对部分条款已经达成初步意见。此次经过法院释法明理及说教，当事人遂在原有分歧中，达成共识。

2. 生态修复性司法理念的贯彻。原告作为公益组织，为维护公益，做了很多的努力。法院通过长期的生态环境审判实践，认真贯彻落实破坏—恢复的生态修复司法制度，将公益诉讼与修复性司法有益结合，达到了说教作用，也为案件能顺利解决提供理念。

3. 被告的环保意识提升。被告逐步认识到自身违法扩建养殖场对林地造成的破坏，其对当前生态环境保护重要性及我市生态环境保护政策有了进一步了解。被告也当庭表示，从保护公共利益、维护生态环境角度出发，愿意对破坏行为进行补救，修复受损的环境。

4. 各行政执法管理部门协调作用明显。市法院历来重视与相关行政执法部门进行诉调对接，认真开展无缝衔接工作。本案中，市检察院、市林业局、连江林业局作为支持起诉人，不但提供了专业的意见，也在协调处理本案的过程中多次组织双方当事人进行协调，为此次达成最终的调解协议奠定基础、发挥作用。

吴安心：生态破坏更需要恢复性司法保护

本案通过调解结案，可以及时修复被破坏的生态环境。本案调解书当庭向双方送达，按规定30天公告期满后，协议内容不损害社会公共利益的，调解书正式生效。调解书具有和判决书相同的法律效力，一方不履行调解书义务的，对方可以申请人民法院强制执行。调解的好处，首先在于调解书内容由双方自愿达成，被告往往自愿履行，可以及时修复因非法占用林地而遭到破坏的生态环境。其次在于节省了诉讼成本。如果判决结案，判决被告修复生态环境（承担生态环境修复费用）和赔偿生态环境受到损害至恢复原状期间服务功能损失，要以环境损害评估鉴定意见为根据，而高昂的鉴定费由原告先行垫付，原告胜诉的，一般按胜败比例决定由被告负担。无论是原告先行垫付，还是被告败诉后按比例负担，都会增加诉讼成本。

生态破坏更需要恢复性司法保护。对破坏生态的违法行为，不能简单地一判了之，关注的焦点应在生态修复结果上。本案被告自愿修复因非法占用林地而被破坏的生态环境，对同类案件的被告有示范作用。

本案作为新《环境保护法》实施后福州市第一例环境公益诉讼案，曾被"福建东南网"、《福建法制报》、"福建新闻网"等多家媒体报道，引发了社会各方关注，对于推进司法力量在生态环境领域建设具有重要意义。

首先，案件移转了生态破坏案件的关注焦点，从刑事责任向生态修复的社会责任转变，实行"异地补种复绿"方式，积极探索生态修复模式。创世纪公司擅自在连江县丹阳镇坑口村非法勾挖平整土地并修建办公楼及养猪场棚等建筑物，已经造成71.8亩林地被严重毁坏，无法恢复。对于既定的事实，法院采取"破坏一片绿，归还一片绿"的举措，进一步探索完善生态恢复补偿机制，拓宽生态司法保护渠道。同时该举措也能提高行为人的环保意识，达到双赢的效果。

其次，该案运用了支持起诉机制推动环境公益诉讼开展。绿家园诉福州创世纪农业综合开发有限公司环境侵权公益诉讼一案，是多方力量协同共进的一案。福州市人民检察院作为支持起诉人参与本案件诉讼程序支持原告绿家园起诉，壮大了原告一方的力量，也为原告提供法律咨询等帮助。本案能够基本按原告的诉求与被告达成调解协议，还得益于福州市林业局为案件审理和执行提供了专业支持。福州市林业局指导案件发生地连江县林业局编制《森林植被恢复方案》，选择确定宜林地及协调异地种植工作并对修复、结果进行验收，这些行为都在一定程度上帮助原告实现诉讼目的。因此，在当前环境公益诉讼制度的推进过程中，由人民检察院和林业部门等专业机关、部门作为支持起诉人参与诉讼壮大原告力量、为原告提供专业帮助等，是一次重要的尝试。

最后，适格的环保公益组织在环境生态案件中愈发发挥着重要作用。绿家园作为非营利性民间环保组织，依法具有提起环境民事公益诉讼的原告主体资格，对于破坏环境的行为依法提起诉讼，进行多方沟通和调解，在执行时引入第三方监管机制，进一步破解环境侵权案件执行难问题，对于引导公众参与环境保护有值得借鉴的意义。

陆

案件执行情况

2017年8月29日，绿家园主任林英同志愿者前往连江，在连江县林业局刘局长的支持下，由林业科陈科长带队至丹阳镇林业站。林业站陈站长为案件执行落实了生态林宜林地——在镇政府东北方向的山坡上。2017年9月6日，福建省林业勘察设计院刘所长派助理来绿家园洽谈造林方案委托设计一事，并于12月13日与绿家园正式签订委托设计合同。双方就造林的规模要求及权利义务进行了协议。接下来还要评估造林技术方案的合理性，筹建一场由8个专家组成的评审会。一切都是摸着石头过河，没有参考，幸好后来得到了潘辉教授的大力支持，他作为专家组组长承担主持工作。2018年1月27日，召开设计方案评审会，就项目前期工作开展情况、主体工程设计情况、方案报告、主体工程平面布置、地理位置等造林技术方案进行评估，并形成专家意见。

2018 年 1 月 27 日，造林设计方案评审会后专家合影。

　　至 2018 年 2 月 8 日，福州市林业局、连江县人民检察院、连江县林业局、丹阳镇林业站与福建绿家园召开座谈会，就如何开展该案后续生态林修复工程和造林验收工作等议题展开讨论。就被告创世纪公司而言，由其委托林业造林施工单位开展该案后续造林修复工程施工作业，丹阳镇人民政府负责该案造林地协调工作。由原告委托有资质的第三方监理单位负责该案后续造林工程监理工作，监理费用由创世纪公司承担。此外，验收工作达成共识，分别于 2018 年 12 月和三年抚育管护结束后，由创世纪公司向福建绿家园申请该案验收。福建绿家园接到申请后，组织福州市人民检察院、连江县人民检察院、福州市林业局、连江县林业局、方案设计单位、造林施工单位、监理单位分别开展当年和三年后的验收工作。

2018 年 2 月 27 日,《连江县丹阳镇花园村 2018 年生态林恢复工程作业设计》正式出台,项目设计地块位于连江县丹阳镇花园村,共涉及 4 个林业"二类"小班,面积为 145 亩。根据"适地适树、经济适用、景观协调"的原则,达到"成活、成效、美观"的目的,特选择山杜英、木荷、无患子作为生态林的主要树种。种植方面用株间混交方式造林,山杜英、木荷、无患子的混交比例为 8:1:1,每亩栽植苗木 80 株以上,苗木采用胸径 3cm 以上的大苗,以保证苗木快速生长,提早育闭成林。

设计方案有助于调整林地树种结构,改善林地单一化局面,进一步提高森林自我调控能力。该方案可以有效防止病虫害的发生并遏制病虫害的传播和成片蔓延,改善绿化状况,美化区域人居环境。同时,生态林恢复工程的建设,有助于提升项目区的林分质量,提高森林覆盖率,构建布局合理、景观优美、内涵丰富的森林生态系统。

此次案件执行方式为异地修复,案件被执行人需按照要求种植生态林,修复生态环境。由于关心着树木的第一年种植情况,2018 年 7 月 16 日一早,绿家园团队便联系了被执行人、生态林种植人,一同前往丹阳镇花园村种植地块进行调研考察。

在生态林种植人郑先生的带领下,一行人经驱车跋涉,来到了异地生态修复的现场。放眼望去,颗颗嫩苗伴随着成片林木,显得绿意盎然。据生态林种植人郑先生介绍,造林地块为省级公益林，地类为采伐痕迹，伐前优势树种为马尾松，因遭受病虫害严重，已对受害木进行采伐，现在进行生态林种植与抚育，以期固土保水，使这片生态林地重现生机。

步入生态林，绿家园团队仔细考察了每棵树木的生长情况，并进行了拍照、记录。同时对造林规模、种类、存活率以及养护状况等做了详细了解。关于存活率，郑先生坦白讲到，树木存活率达到100%并不现实，但是，经过精心抚育，树木存活率能够达到85%以上，肯定符合验收标准。被执行人林先生则叮嘱，树木存活首先一定要达到验收规格，希望这片林子能够有效改善生态环境。面对养护问题，郑先生回忆道，"玛利亚"台风登陆当天下午五时，养护团立即进场扶起被吹倒的树木，并进行加固。据了解，树木一旦折倒超过24小时不进行补救将会死亡，对于已经死亡的树木，需要进行及时补种。而为了防止树木被晒死，养护团队特地在地上种植植物，保水固土。就现场调研情况来看，造林规模、树种存活率均符合调解协议要求，树木长势良好。按照调解协议，福建绿家园将于2018年12月对这片林地进行三年抚育期的第一次验收。

生态林种植人郑先生在向绿家园林主任介绍树木种植情况。

调研结束后，大家感触颇深。林先生直言，调解书下来后，公司出于节约成本的考虑希望由公司自己通过招募志愿者的方式植树造林，但是，考虑到种树容易、养护难的情况，为提高树种存活率，实现最大的生态效益，还是交由专业团队做好护林的任务。如今，看到这满山树木充满生机与活力，感觉所做的一切都值了，正所谓植树造林功在当代、利在千秋。绿家园林主任提议，待树木成林后，可以将生态林作为生态教育基地，通过讲述这片林子的历史，教育后来人保护环境，守护家园。

生态林第一年种植调研后现场，绿家园团队合影。

道路两旁种植下的小树苗，摄于 2018 年 7 月。

2019 年 5 月 14 日，绿家园组织林业专家、检察院、林业部门共同前往案件补种地查看案件植树造林情况。经现场查看，树木长势良好，成活率较高，抚育情况较好。

道路两旁种植下的小树苗茁壮了许多，摄于 2019 年 5 月。

2019 年 5 月，绿家园组织多方专家前往案件补种地查看植树造林情况。

　　2019 年 12 月 2 日，绿家园团队与林业勘察设计院监理人员前往福州市连江县丹阳镇林业生态破坏案的生态环境异地修复补种现场，查看树木成活情况和护理情况，树木长势良好，现场树木护理人员正在完成当年的劈草工作。

　　2020 年 9 月 29 日上午，福州市中级人民法院、福州市人民检察院、连江县人民检察院、福州市林业局、连江县林业局、福建绿家园以及林业专家前往案件执行地进行案件执行后的第三年验收考察。福建省林业勘察设计院作为项目的监理单位介绍了种植工程和林木三年的抚育情况，表示该工程已按设计要求完成种植面积 145 亩，苗木保存率 95%，各工序质量及抚育补植质量符合设计要求。

各部门代表及林业专家组成的验收考察队伍合影留念。

福州，拆字解释为"有福之州"，位于闽江之畔，空气质量稳居全国前列；2018 年森林覆盖率达 57.26%，居全国省会城市第二位；2019 年 3 月全省 9 市 1 区 118 个集中式生活饮用水水源达标比例为 100%……众多"绿色数据"的背后是福州市政府对"五位一体"布局和五大发展理念贯彻的体现，生态司法品牌建设为千年榕城筑起了一道"防护林"。

崔卫平教授曾说：你所站立的地方，就是你的中国；你怎样，中国便怎样；你是什么，中国便是什么；你有光明，中国便不再黑暗！中国未来的环保事业需要我们助力推进，我们的态度和行动影响着一代又一代人的生存。

行动改变未来，法律的利刃也将时刻为破坏环境之举亮剑。愿你我成为举着利刃的勇士，化责任为力量，守护我们身边美丽的环境。

第六案 生态司法的补位
——福建永安水污染案

苏少华（编写）

案例评述

福维化工电石渣渗坑公益诉讼案是福建绿家园在 2019 年提起的最新一起案件，目前案件还在审理过程中。福建绿家园的志愿者多年专注于工业污染的防治，年复一年进行污染源调查，培训污染源周边居民识别污染、监督污染源是否合规。该案就是福建绿家园志愿者在 2017 年日常的污染源调查过程中发现的。志愿者通过走访周边的村民，送检受污染的水质，确定污染问题的肇事者——福维化工，并调查了该公司的历史违法记录。福建绿家园在申请当地环保部门进行执法，并多次与其沟通未能获得有效的反馈后，为了立即停止福维化工排放的强碱废水对九龙溪的污染，保护社会公共利益，福建绿家园向福维化工提起了环境公益诉讼。本案比较充分地体现了社会组织提起的环境民事公益诉讼作为环境行政执法有益补充的功能，也对长期从事地区工业污染防治，推动公众参与环境法治的环保公益组织如何运用环境公益诉讼来解决工业污染的违法排污问题具有一定的示范意义。

——林燕梅　佛蒙特法学院副教授、阳光学院法学院教授

壹

污染的发现

20 世纪 70 年代初，在风景秀美、矿产资源丰富的福建省三明地区永安市，建成了一座资金雄厚、技术先进的"大企业"——福建维尼纶厂。人们盼望着这一座在当时的中国尚且为数不多的现代工厂可以为这一方水土上的人民带来改善生活的机会、带来走向富足生活的希望。

倘若不是环境污染，这份渴望改善生活的心愿，在这几十年间实际上已然悄然达成了。在经济改变生活条件的同时，污染也正在悄悄地改变着这一方水土。

福建省绿家园环境友好中心志愿者最早于 2017 年 9 月在当地发现了污染问题。在福建福维股份有限公司（原身为福建维尼纶厂，以下简称"福维公司"）企业东门正北方向 50 米处，有一个宽度 300 平方米以上的巨大渗坑，渗坑中堆放着大量的灰白色固体废弃物，在固体废弃物旁有几个蓄水坑，里面充斥着大量的废水。在拍照取证后，现场经 pH 试纸检测，发现渗坑的废水 pH 值高达 13~14 左右，表现为强碱废水；另外在渗坑的东侧，发现有一个正在排放废水的水渠，水量较大，水渠中的水经 pH 试纸检测后，同样是数值 13~14 左右的强碱性水。在发现污染之后，志愿者立即拨打 12369 向当地的环保部门进行了举报，希望能通过政府的力量敦促污染的治理和解决。

在向相关部门举报后，绿家园的志愿者针对福维公司的污染问题进行了深入了解，并发现福维公司在 2016 年就存在因污染事件被执法部门予以行政处罚的历史问题。2015 年 1 月 1 日新《环境保护法》实施，相关环境行政执法部门短时间内迅速在全国范围内掀起加强环境执法力度的热潮。2016 年 9 月起，我国首次举行了全国的环保系统执法大练兵。执法大练兵通过各地环保行政部门的精心组织、周密部署，不断推进执法规范化，调动执法积极性，严厉打击环境违法行为。而福维公司正是在本次执法大练兵中，因对生产过程中产生的固体废弃物未采取三防措施，违反了固体废弃物管理制度，而被依法予以行政处罚。三明市环保局于 2016 年 11 月 29 日对福维公司作出了编号为明环罚字［2016］第 41 号行政处罚决定书，责令当时已暂时停工的福维公司立即改正环境违法行为，并处罚人民币 3 万元整。

谁都不希望发生环境污染事件，面对环保行政部门作出的行政处罚决定，福维公司短暂停工接受罚款，但并未合规处理遗留下的固体废弃物。2017 年至 2018 年在福建绿家园志愿者发现污染向当地环保部门多次举报后，企业的污染行为并未得到整改处理。鉴于污染问题长期拖延得不到解决，且将会对生态环境造成严重影响，福建绿家园于 2018 年 9 月 10 日正式向三明市中级人民法院提交起诉材料。

企业厂区电石渣堆放点，水坑内皆为强碱废水，废水通过马路旁的墙体破损处流入外环境，污染地表水。

贰

地表之上

在起诉前的调查阶段，福建绿家园志愿者查阅了《福建省环保厅关于批复福建纺织化纤集团有限公司技改扩建 PVA 至 60kt/a 项目环境影响报告书的函》《建设项目竣工环境保护验收监测报告（闽环站 2011-C102）》《三明市环保局关于福建福维股份有限公司技改扩建 PVA 至 60kt/a 项目竣工环境保护验收意见的函》《排污许可证公示内容》等文件，发现福维公司现有电石渣堆场没有经过建设项目环境影响评价和竣工验收，属于违法投入生产和使用。福维公司废水排放执行《污水综合排放标准》（GB8978-1996）表 4 一级标准，其中 pH 值 6~9。纳污水域九龙溪水环境功能类别为地表水 III 类水体，pH 值 6~9。福维公司排放废水 pH 值在 11~12 以上，属于超标排放。而这些被超标排放的废水将通过地表水循环渗入土壤，也将会通过各种支流最后汇入九龙溪，进而扩大废水污染的范围。若再不对福维公司的废水污染采取防治措施，其必将使河流沿岸流经的村庄水质下降，这种污染行为无论是对生态环境，抑或是对周边居民群众的生命健康，都将带来无法预计的伤害。

碱性废水作为水污染物质，是所有工业废水中最常见的一种污水，如果不经过处理就直接排放，将会腐蚀管道和水工建筑物，排入水体后将改变水体的 pH 值，影响水体的自净作用，破坏河流的自然生态。这样的废水通过下渗也会导致土地的盐碱化，破坏土层的疏松状态，影响农作物的生长和增产。同时，含碱污水中一般都含有大量的有机物，会大量消耗水体的溶解氧，造成鱼类缺氧窒息而死。此外，强碱废水会腐蚀人体表层皮肤，若有不慎饮用者，其新陈代谢将受到影响，消化系统也会出现紊乱。

这些可能导致的危害结果，在志愿者深入走访周边村民的过程中得到了证实。厂区周围常年居住的居民称，福维公司超标排放的废水在早前一两年已出现致河内部分鱼类死亡的现象，加之这些废水无色无味，露天进行排放，管道中流出来的究竟是自来水还是超标排放的强碱废水令人难以辨别。有不知情的村民、孩童在公路旁直接使用该强碱废水清洗手、脚，虽未造成严重的人身伤害，但足以令人后怕。现如今因福维公司常年排放污水，周边水质早已大不如前。村民只知道这个污水毒性很强，但未将该污水送至第三方机构检测，故没有相关数据支持。

2019年3月，绿家园法务团队再次走访案件现场，污染现象依然存在。

根据《福建福维股份有限公司技改扩建 PVA 至 60kt/a 项目竣工验收报告》，福维公司排放的工业废水纳污水域九龙溪水环境功能类别为地表水Ⅲ类水体，依据地表水水域环境功能和保护目标，地表水Ⅲ类水体主要适用于集中式生活饮用水、地表水源地二级保护区、鱼虾类越冬场、洄游通道、水产养殖区等渔业水域及游泳区。结合前述强碱性废水的危害可知，不加节制的排放最终必将会导致城市居民和农村村民集中生活饮用水、渔业水域、地表水源地二级保护区水功能受损，由此带来的损失将会无法估量。

为了避免污染进一步扩大，对福维公司环境污染的整治已刻不容缓。

中华人民共和国第十二届全国人民代表大会常务委员会第八次会议于 2014 年 4 月 24 日修订通过了《中华人民共和国环境保护法》，新《环境保护法》于 2015 年 1 月 1 日正式在我国实施。新《环境保护法》引入了生态建设和可持续发展的立法理念。为了解决旧环保法制度的滞后性和执法的疲软性问题，这部有"史上最严环保法"之称的新《环境保护法》对技术、管理、监督等制度进行更新。2015 年新《环境保护法》的实施，一改以往执法部门在问责方面相互推诿的情况，使环境保护法的制定真正作用于违规污染问题之上，开启了环境保护公益事业的元年。

新《环境保护法》第 58 条规定："对污染环境、破坏生态，损害社会公共利益的行为，符合下列条件的社会组织可以向人民法院提起诉讼：①依法在设区的市级以上人民政府民政部门登记；②专门从事环境保护公益活动连续 5 年以上且无违法记录。符合前款规定的社会组织向人民法院提起诉讼，人民法院应当依法受理……"

据此，福建绿家园作为环保社会组织就福维公司固体废弃物污染及强碱废水直排外环境的情况向福建省三明市中级人民法院递交起诉状，要求福维公司整改环境污染现状，并赔偿当地生态环境修复费用。

案件起诉过程材料呈现

为更清晰、直观地还原案件事实，呈现案件办理过程，现将本案的《民事起诉状》及《证据材料目录》等相关法律文书摘列如下，以兹了解。

民事起诉状

原告：福建省绿家园环境友好中心，住所：略，邮政编码：略。法定代表人：林某某，职务：主任。

被告：福建福维股份有限公司，住所：略，邮政编码：略，统一社会信用代码／注册号：略。法定代表人：魏某某，职位：董事长，企业联系电话：略。

诉讼请求：

一、判决被告三个月内对其堆放在福建省永安市某某镇某某某村某某某号厂门公路一侧的现有电石渣堆场采取有效措施排除危害，即排除其废渣、渗滤液对农田、九龙溪的污染，达到《一般工业固体废物贮存、处置场污染控制标准》（GB18599-2001）Ⅱ类场的环境保护要求。

二、判决责令被告三个月内采取污染防治措施，保障现有电石渣堆场底部的废水排放口排放废水达到《污水综合排放标准》（GB8978-1996）表4一级标准，停止对地表水体九龙溪环境的侵害。

三、判决被告修复现有电石渣堆场渗滤液污染的土壤、地下水生态环境，确定被告不履行修复义务时应承担的生态环境修复费用和生态环境受到损害至恢复原状期间的服务功能损失（金额以环境损害评估鉴定为准，支付到法院指定账户），该款用于修复现有电石渣堆场渗滤液污染的土壤、地下水生态环境或者环境保护活动。

四、判决被告赔偿现有电石渣堆场渗滤液外排和底部的废水排放口超标外排废水污染地表水体九龙溪的生态环境修复费用和生态环境受到损害至恢复原状期间服务功能损失（金额以环境损害评估鉴定为准，支付到法院指定账户），该款用于修复地表水体九龙溪流域生态环境或者环境保护活动。

五、判决被告在福建省人民政府门户网站、福建电视台、福建日报向全省人民群众承认错误，赔礼道歉。

六、判决被告赔偿我单位因本案诉讼实际支出的专家辅助人咨询费、环境损害评估鉴定费、检测费、律师费、工作人员和律师差旅费等（金额以一审辩论终结之前诉讼实际支出为准）。

七、判决被告承担本案诉讼费用。

事实和理由：

我单位是在福建省民政厅登记注册的民办非企业单位，宗旨是遵守国家的宪法、法律、法规和国家政策，遵守社会道德风尚，普及公民环境保护意识、保护生态环境与生态平衡，倡导绿色消费，促进社会、环境、生态、经济和谐的可持续发展。业务范围是保护生态环境、传播环境文化、开展学术技术交流。我单位专门从事环境保护公益活动连续五年以上无违法记录。对污染环境、破坏生态，损害社会公共利益的行为有权提起公益诉讼。

2017 年 9 月 27 日，我单位调研发现被告现有电石渣堆场位于厂门公路一侧的坝体破损，渗滤液从坝体的破损处溢流外排到公路下的水渠。经 pH 试纸检测，发现渗滤液 pH 值高达 13~14 左右，表现为强碱废水。公路下的水渠排水量较大，经 pH 试纸检测，pH 值高达 13~14 左右，表现为强碱废水。之后，我单位通过三明市环保局网站了解到，被告因电石渣堆场还残余少量废渣，淋溶水未进行有效收集，从南面渣坝的破损处溢流至外环境，该局于 2016 年 11 月 29

日对被告作出过行政处罚,责令被告立即改正环境违法行为,并处罚款人民币叁万元整。

以上情况说明,被告受到三明市环保局处罚后,并没有按照该局要求整改到位,存在长期违法排放超标废水行为,我单位决定跟踪调研被告的环境违法行为。

2018年6月22日,我单位再次调研被告现有电石渣堆场,发现位于厂门公路一侧的坝体破损没有得到修复,渗滤液和之前一样从坝体的破损处溢流外排到公路下的水渠。经pH试纸检测,发现渗滤液pH值高达13~14左右,表现为强碱废水。此次调研明确了电石渣堆场底部有一个废水排放口,向公路下的水渠排放大量废水。水渠上建有一道拦水坝,拦水坝的上下游均有其他水源汇入水渠。经pH试纸检测,拦水坝上游水渠的pH值高达11~12左右,表现为强碱废水。水渠通向九龙溪。

我单位查阅被告《福建省环保局关于批复福建纺织化纤集团有限公司技改扩建PVA至60kt/a项目环境影响报告书的函》《建设项目竣工环境保护验收监测报告(闽环站2011-C102)》《三明市环保局关于福建福维股份有限公司技改扩建PVA至60kt/a项目竣工环境保护验收意见的函》《排污许可证公示内容》,发现被告现有电石渣堆场内的电石渣属于第Ⅱ类一般工业固体废物,该场没有经过环境影响专题评价和竣工验收合格,属于违法投入生产和使用。被告废水排放执行《污水综合排放标准》(GB8978-1996)表4一级标准,其

中 pH 值 6~9。纳污水域九龙溪水环境功能类别为地表水 Ⅲ
类水体，pH 值 6~9。被告排放废水 pH 值在 11~12 以上，
属于超标排放。

被告现有电石渣堆场不符合《一般工业固体废物贮存、
处置场污染控制标准》（GB18599-2001）Ⅱ类场的环境保护
要求，没有经过环境影响专题评价和竣工验收合格，渗滤液
污染了土壤和地下水。电石渣堆场渗滤液和底部排污口超标
废水进入地表水体九龙溪，污染了九龙溪水质。为保护九
龙溪流域水环境，我单位根据《中华人民共和国固体废物
污染环境防治法》《中华人民共和国水污染防治法》《最高
人民法院关于审理环境民事公益诉讼案件适用法律若干问
题的解释》相关规定，特向人民法院起诉。请人民法院支
持我单位诉讼请求。

此致

三明市中级人民法院

附：一、本起诉状副本 1 份；

二、民事起诉状根据的主要规定。

起诉人：福建省绿家园环境友好中心

2018 年 12 月 18 日

证据材料目录

分组	序号	证据名称	证明对象和内容
第一组	1	原告登记证书	证明原告在福建省民政厅登记注册，业务范围是保护生态环境。
	2	组织机构代码证	
	3	法定代表人身份证明	
	4	法定代表人公民身份证	
	5	福建省民政厅民办非企业单位年度检查结论通知书（2013年至2017年）	证明原告本案诉讼前五年内开展环境保护公益活动情况，年度检查合格。
	6	章程	证明原告是专门从事环境保护公益活动的社会组织。
	7	声明书	证明原告陈述本案诉讼前五年内无违法记录。
	该组证据证明原告符合《环境保护法》的规定，具有提起环境公益诉讼的主体资格。		
第二组	8	被告企业信用信息公示报告	证明被告诉讼主体资格。
	该组证据证明被告诉讼主体资格。		
第三组	9	《一般工业固体废物贮存、处置场污染控制标准》（GB18599-2001）	证明电石渣堆场需要在环境影响评价中进行专题评价，电石渣堆场竣工必须要经验收合格方可投入生产或使用。
	10	关于发布《一般工业固体废物贮存、处置场污染控制标准》（GB18599-2001）等3项国家污染物控制标准修改单的公告	

分组	序号	证据名称	证明对象和内容
第三组	11	三明市环保局申请公开政府信息受理回执（编号［987］号）	证明一：《福建省环保厅关于批复福建纺织化纤集团有限公司技改扩建PVA至60kt/a项目环境影响报告书的函》《建设项目竣工环境保护验收监测报告（闽环站2011-C102）》《三明市环保局关于福建福维股份有限公司技改扩建PVA至60kt/a项目竣工环境保护验收意见的函》合法性。
	12	三明市环保局政府信息公开告知书［2018］13号	
	13	三明市环保局政府信息公开告知书［2018］14号	
	14	三明市环保局政府信息公开告知书［2018］15号	
	15	福建省环境保护厅政府信息公开告知书	证明二：福建纺织化纤集团有限公司技改扩建PVA至60kt/a项目环境影响报告书需要申请人民法院调查收集。
	16	福建省环境保护厅政府信息公开告知书（序号：2018-58）	
	17	福建省环保厅关于批复福建纺织化纤集团有限公司技改扩建PVA至60kt/a项目环境影响报告书的函	证明废水排放执行《污水综合排放标准》（GB8978-1996）表4一级标准，废水排放量≤1315.79万吨/年。
	18	建设项目竣工环境保护验收监测报告（闽环站2011-C102）	证明一：被告废水排放量≤1315.79万吨/年，pH值6~9。 证明二：九龙溪水环境功能类别为地表水Ⅲ类功能区，执行《地表水环境质量标准》（GB3838-2002）Ⅲ类标准pH值6~9。 证明三：电石渣pH测定值12.22~12.27，对电石渣贮场外渗、对土壤、地下水影响没有验收监测。 证明四：1#排放口排放的废水量约750t/h；2#排污口排放的废水量约550t/h；3#排污口排放废水量约310t/h。

续表

分组	序号	证据名称	证明对象和内容
第三组	19	三明市环保局关于福建福维股份有限公司技改扩建PVA至60kt/a项目竣工环境保护验收意见的函	证明一：冷冻站、聚乙烯醇（PVA）生产线（包括乙炔、合成、精馏、醇解、回收车间）冷却循环水等直接由1#排放口排放；热电厂文丘里水膜除尘装置产生除尘废水和热电冲灰渣水经沉淀池处理后废水与电石厂变压器冷却水由2#排放口排放；合成车间、精馏车间、醇解车间、回收车间等废水经污水处理站处理后由3#排污口排放；乙炔发生器排出的电石渣浆（目前已停产），排至渣池，经板框压榨机压榨后，废水经沉淀池沉降、自然冷却后，返回乙炔发生器循环使用，不排放。 证明二：1#废水排污口安装流量和COD在线监控装置，3#废水排污口安装流量、COD和氨氮在线监控装置，并与省市环保部门联网，2#废水排污口废水排放量较小，未安装在线装置。 证明三：1#、2#、3#排污口废水执行《污水综合排放标准》（GB8978-1996）表4中一级标准。地表水执行《地表水环境质量标准》（GB3838-2002）表1中的Ⅲ类水质标准。
	20	三明市环境保护局关于2015年12月4—30日作出的核发排放污染物许可证决定的公告	证明《排污许可证公示内容》合法性。

续表

分组	序号	证据名称	证明对象和内容
第三组	21	排污许可证公示内容	证明污染物执行标准《污水综合排放标准》（GB8978-1996）表4 一级标准。废水排放限值（万吨/年）1315.79。 悬浮物：70mg/l 化学需氧量：100mg/l，总量2100吨/年 氨氮：15mg/l，总量5.5吨/年 生化需氧量：20mg/l 挥发酚：0.5mg/l 甲醛：1.0mg/l 石油类：5mg/l 色度：50 pH：6~9
	22	行政处罚决定书（福建福维股份有限公司）	证明电石渣堆场从南面渣坝的破损处溢流外排废水至外环境外排废水pH值为12.30，受到过行政处罚。
	23	污染现场视频	证明电石渣贮场积水外排，以及电石渣贮场内的排污口外排废水pH值为12以上。
	该组证据证明被告超标排放废水，污染九龙溪水质。		

中国政法大学环境资源法研究和服务中心、北京自然之友公益基金会分别于2019年3月29日和2019年4月2日向三明中院递交该案的支持起诉意见书。

中国政法大学环境资源法研究和服务中心
支持原告起诉意见书

福建省三明市中级人民法院：

原告福建省绿家园环境友好中心与被告福建福维股份有限公司环境民事公益诉讼案，原告到贵院提起诉讼，根据《中华人民共和国民事诉讼法》第15条、《最高人民法院关于审理环境民事公益诉讼案件适用法律若干问题的解释》第11条等相关规定，中国政法大学环境资源法研究和服务中心（又称"污染受害者法律帮助中心"）通过向原告提供法律咨询、提交书面支持意见等方式支持原告依法提起本案环境民事公益诉讼，通过司法途径，依法维护社会公共利益。

中国政法大学环境资源法研究和服务中心，又称"污染受害者法律帮助中心"，成立于1998年10月。是经中国政法大学批准，司法部备案的民间环境保护团体。其成员由中国政法大学从事环境资源法研究和教学的教授、副教授为主，联合北京大学、清华大学、中国人民大学等十所高校和研究机构热心环境保护事业的法律和技术专家、学者、律师和研究生兼职组成。由中国政法大学环境法教授王灿发先生任中心主任。中心通过组织热心环境保护事业的法律专家、学者、律师和环境管理与技术专家对中国环境资源立法及其实施问题开展专题研究、进行国际交流、对环境执法和司法人员及公众进行环境法知识的培训，普及环境资源法知识，提高公众的环境法律意识和中国的环境资源立法、执法水平；通过对污染受害者提供法律帮助的方式，维护污染受害者的环境权益，促进中国环境资源法的执行和遵守。

环境是人类赖以生存的各种自然因素的总体，切实保护和改善环境关系到人民群众生命健康、社会和谐安定和中华民族的永续发展。当前，我国面临环境污染严重、生态系统退化的严峻形势。对此，人民群众反映强烈，党中央高度关注。党的十八大把生态文明建设纳入中国特色社会主义事业五位一体的总体布局，并提出了"建设美丽中国"的美好愿景。十八届三中、四中全会分别通过的《决定》*，均强调"用严格的法律制度保护生态环境"。党的十九大报告进一步提出"加快生态文明体制改革，建设美丽中国"的部署要求。

为此，《中华人民共和国民事诉讼法》和《中华人民共和国环境保护法》相继规定了环境民事公益诉讼制度。2015年1月6日，最高人民法院公布了《最高人民法院关于审理环境民事公益诉讼案件适用法律若干问题的解释》，为符合起诉条件的社会组织提供了法律的指引，体现了最高人民法院为"建设美丽中国"运用"严格的法律制度保护生态环境"的决心。

本案原告向贵院提起环境民事公益诉讼案件，我单位支持原告提起本案诉讼，并发表书面支持意见如下：

---

* 党的十八届三中全会通过的《中共中央关于全面深化改革若干重大问题的决定》；党的十八届四中全会通过的《中共中央关于全面推进依法治国若干重大问题的决定》。

一、根据《中华人民共和国民事诉讼法》《中华人民共和国环境保护法》《最高人民法院关于审理环境民事公益诉讼案件适用法律若干问题的解释》等规定，原告提起本案诉讼符合原告主体资格法定条件，有权提起本案环境民事公益诉讼。

二、根据我国环境保护相关法律规定，企业事业单位和其他生产经营者应当防止、减少环境污染和生态破坏，对所造成的损害依法承担责任。禁止向水体排放碱液。产生固体废物的单位和个人，应当采取措施，防止或者减少固体废物对环境的污染。

本案被告现有电石渣堆场不符合《一般工业固体废物贮存、处置场污染控制标准》Ⅱ类场的环境保护要求，渗滤液pH值高达13~14左右，废水pH值也在11~12左右，均为强碱性，对土壤、地下水、地表水体九龙溪等造成严重污染，损害社会公共利益。

结合本案情况，被告应当依法规范现有电石渣堆场环境保护工作，对所造成的环境污染承担环境侵权法律责任；采取污染防治措施，保障现有电石渣堆场底部废水排放口超标废水达到排放标准，修复渗滤液污染的土壤、地下水生态环境，赔偿遭受污染地表水体九龙溪的生态环境修复费用和生态环境受到损害至恢复原状期间服务功能损失。

原告为保护当地生态环境免受被告现有电石渣堆场污染，为维护社会公共利益，提出本案的诉讼请求应得到司法支持。

三、原告作为非营利社会组织，支持起诉单位建议人民法院依法缓收、减收或免收原告诉讼费用，加大对原告的司法救助力度。

四、希望被告能够通过本案负起责任，增强环境保护意识，依法自觉履行应尽的环境保护义务，为当地生态环境质量改善贡献力量。

生态环境事关民生福祉，美丽中国需要司法保护。让我们树立和践行"绿水青山就是金山银山"的理念，像保护眼睛一样保护生态环境，像对待生命一样对待生态环境，实行最严格的生态环境保护制度；通过本案司法保护，形成刚性约束，又给予治污动力，为人民创造良好生产生活环境。

水、土地、土壤等自然因素是经济社会可持续发展的物质基础，关系人民群众身体健康、财产安全，关系美丽中国建设，保护好各种自然因素构成的环境是推进生态文明建设和维护国家生态安全的重要内容。我单位支持原告福建省绿家园环境友好中心提起本案环境民事公益诉讼，望贵院依法受理支持原告的诉讼请求！

原告支持起诉单位（签章）：
中国政法大学环境资源法研究和服务中心
2019 年 3 月 29 日

支持起诉意见书

贵院受理的福建省绿家园环境友好中心诉福建福维股份有限公司固体废物污染责任纠纷（[2019]闽04民初1121号）一案，根据《中华人民共和国民事诉讼法》《最高人民法院关于审理环境民事公益诉讼案件适用法律若干问题的解释》等相关规定，北京自然之友公益基金会支持原告福建省绿家园环境友好中心的起诉，支持起诉意见如下：

一、被告对其电石废渣产生的渗滤液及大量超标废水外排的环境污染行为应承担环境侵权责任。

被告福建福维股份有限公司，系福建省重点污染源监控企业，主要生产纺织化纤类产品，以电石为主要生产原料，因此生产过程中会产生大量渣浆废液。根据被告《技改扩建PVA至60kt/a建设项目竣工环境保护验收检测报告》，该项目年产约18万吨废渣，产生的电石渣全部外售，其毒性浸出鉴别执行《危险废物鉴别标准浸出毒性鉴别》（GB5085.3-2007），浸出液腐蚀性最高允许浓度为pH值<12.5。而经原告实地调研发现，被告电石渣驻厂内仍有残余废渣，渗滤液pH值高达13~14。电石废渣及其渗滤液含有硫化物、磷化物等有毒有害物质，呈强碱性，且距农田仅有十米之隔，不仅会对贮场地块土壤造成污染，而且会对地下水、农业生产安全产生严重影响。

另外，原告在被告电石渣贮场底部发现一废水排放口，向水渠直接排入大量强碱废水（pH值高达11~12）。而该水渠通向九龙溪，是闽江重要源头沙溪的上游。被告超标排放废水的行为会对九龙溪水质造成污染，严重影响下游居民的饮水安全。

因此，被告未对其电石渣贮场采取有效污染防治措施，导致强碱性渗滤液外泄，以及大量超标废水直排外环境的行为导致该区域生态环境遭到严重污染破坏，九龙溪生态服务功能部分丧失，违反了我国环境保护的法律法规规定，已经给社会公共利益造成十分重大的损害。根据《中华人民共和国环境保护法》，污染者担责是环境保护的基本原则。《中华人民共和国侵权责任法》第65条规定，因污染环境造成损害的，污染者应当承担侵权责任。本案被告实施了污染环境的行为，应当承担环境侵权责任。

二、被告应承担电石渣堆厂污染地块的环境修复责任以及赔偿九龙溪生态环境修复费用和生态服务功能损失。

根据《中华人民共和国环境保护法》《中华人民共和国侵权责任法》《最高人民法院关于审理环境民事公益诉讼案件适用法律若干问题的解释》的相关规定，生态环境损害发生后，由污染者承担停止侵害、消除危险、恢复原状等环境侵权责任是应有之义。虽然九龙溪具有一定的自净能力，但是环境容量是有限的，向水体大量排放强碱废水，必然对河流的水质、水体动植物、河床、河岸以及河流下游的生态环境造成严重破坏。如不及时修复，污染的累积必然会超出环境承载能力，最终造成不可逆转的环境损害。

因此，本案中被告的违法行为，严重污染了涉案地块的土壤、地下水和地表水，应当对污染地块进行环境修复以及赔偿九龙溪生态环境修复费用和生态服务功能损失。

本案中，原告福建省绿家园环境友好中心作为多年来专门从事环境保护公益活动并且符合环境民事公益诉讼起诉条件的社会组织，对于被告损害社会公共利益的行为提起环境民事公益诉讼，保护我们共有的生态环境资源不受侵害，我单位愿意作为支持起诉单位，望贵院能够依法审理做出裁判！

此致
福建省三明市中级人民法院

支持单位：北京自然之友公益基金会
2019 年 4 月 2 日

2019 年 5 月 14 日，绿家园收到三明中院的民事裁定书，案件裁定由永安市人民法院审理。2019 年 5 月 16 日案件被永安市人民法院正式受理，并向社会公告。

面对绿家园提出的环境公益诉讼，被告福维公司于2019 年 6 月 7 日向永安市人民法院作出答辩，针对该案件，福维公司认为其自身严格遵守"三同时"制度，并不存在违法投产的现象，也并不存在长期排放超标废水以污染土壤和地下水的行为和结果。与此同时，辩称三明市环保局于2016 年 11 月 29 日作出的《行政处罚决定书》（明环罚字

〔2016〕41 号）是基于极端气候条件所致，是偶然事件，并不是因为企业生产不符合相应环保法律规范的要求。为了使读者更直观地了解案件，现将福维公司作出的答辩状及原告对被告的质证意见等摘录如下：

被告答辩状

一、答辩人不存在污染土壤及地下水的行为及结果，原告提交的证据不能作为存在污染损害结果的有效证据。

1. 2017 年 12 月 30 日，答辩人与永安市人民政府签订了《土壤污染防治责任书》。按责任书的要求，答辩人聘请了厦门金雀检测技术公司对场地进行专题土壤及地下水的监测，并于 2018 年 12 月 27 日出具了《场地污染调查评估报告》，该报告结论认定：场地对土壤和地下水监测均未超过《土壤环境质量建设用地土壤污染风险管控标准（试行）》（GB36600-2018）筛选值第二类标准和地下水参照《地下水质量标准》（GB/T14848-2017）Ⅲ类水质标准，可以认为本项目生产至今，土壤和地下水质量较好。答辩人已将该评估报告送永安市环保局进行了备案。

2. 根据《最高人民法院关于审理环境侵权责任纠纷案件适用法律若干问题的解释》第 6 条规定，被侵权人根据《侵权责任法》第 65 条规定请求赔偿的，应当提供证明以下事实的证据材料：①污染者排放了污染物；②被侵权人的损害；③污染者排放的污染物或者其次生污染物与损害之间具有关联性。《最高人民法院关于审理环境民事公益诉讼案件适用法律若干问题的解释》第 8 条规定，提起环境民事公益诉讼应当提交下列材料：……②被告的行为已经损害社会公共利益或者具有损害社会公共利益重大风险的初步证明材料。

原告提交 pH 试纸测试结果不能作为有效证据证明地表水存在污染损害，也没有提交任何证据证明土壤及地表水受到污染。答辩人不存在污染土壤及地下水的污染行为，并未造成污染结果，原告主张答辩人电石渣渗滤液污染了土壤和地下水，乃至污染九龙溪水质都没有事实证据。

二、答辩人严格执行环保"三同时"的要求，技改矿建 PVA 至 60kt/a 项目及环保设施均已通过竣工验收，原告主张答辩人电石渣场没有经过专项环评竣工验收合格，属违法投入生产和适用，没有事实和法律依据。

1. 答辩人严格执行环保"三同时"的要求，"技改扩建 PVA 至 60kt/a 项目"技改前经福建省化学工业科学技术研究所环境影响评价中心进行了项目环境评价，出具的《福建纺织化纤集团有限公司技改扩建 PVA 至 60kt/a 项目环境影响报告书》中第六章《噪声和固废影响分析》中专题对电石渣来源和产生量、综合利用、环境影响和处置措施及防止二次污染的措施进行了分析和评价。福建省环保厅于 2006 年在福州召开评审会并批复了该报告书。2015 年三明市环保局受省环保厅委托组织进行了现场验收，并出具了《三明市环保局关于福建福维股份有限公司技改扩建 PVA 至 60kt/a 项目环境验收意见的函》(明环防〔2015〕5号),项目环保验收合格,同意主体工程正式投入生产。

2. 2011年7月20—26日省环境监测中心站对答辩人进行《技改扩建PVA至60kt/a项目》竣工环境保护验收监测时,根据废水污染物排放特征、纳污水域的环境状况和区域环境保护规划、废水排放量及河流类型,地表水环境监测范围确定在工程的废水排放口上游700米至下游约3千米的九龙溪河段取三个断面进行连续2天的监测,监测结果表明该河段水质均达到了《地表水环境质量标准》(GB3838-2002)表1中的Ⅲ类水质标准,其中pH值测定范围在7.57~7.66之间。该中心站还对项目所在地及附近乡村可能受影响的群众发放了55份公众意见调查表,建设项目得到了周边公众的认同,100%的被调查者赞成该建设项目。省环境监测中心站于2012年2月出具的《建设项目竣工环境保护验收监测报告》认为该技改扩建工程符合"以新带老、增产减污"的基本原则,符合清洁生产的要求。

综上,答辩人"技改扩建PVA至60kt/a项目"建设项目及固废处置符合国家环保法律法规的要求,并通过环保部门验收,属依法依规。原告主张答辩人电石渣场没有经过专项环评和竣工验收合格,属违法投入生产和使用,没有事实和法律依据。

三、答辩人依法排污,不存在违规超标排放污染物的行为。原告主张答辩人存在长期违法排放超标废水的行为,没有事实依据。

（一）三明市环境监测站及永安市环境监测站均有对答辩人进行常规的监督监测，答辩人不存在违规超标排放污染物的行为。

（二）答辩人对电石渣淋溶水已进行有效收集与处置，不存在超标排放废水污染九龙溪水质的情形。

1. 答辩人电石渣水从未外排，自答辩人 20 世纪 70 年代投产时就建有污水处理站，污水处理站经过多次改造处理能力为 450t/h。原电石渣水通过收集池和管道输送至污水站与维纶生产系统的酸性废水进行中和，并经处理后排放。

2. 20 世纪 80 年代随着 PVA 产能的提升，电石渣及废水也增加，为节约资源、保护环境，综合利用，公司投资兴建了一条 7 万吨 / 年的旋窑水泥生产线，将电石渣（主要成分氢氧化钙）用于生产水泥，电石渣水由泵运送至污水站中和维纶酸性废水，处理达标后排放。

3. "技改扩建 PVA 至 60kt/a 项目"建设前为消化处理增量的电石渣，答辩人又在水泥厂同步建设了电石渣压滤装置和电石渣水循环使用设施，将电石渣经压榨过滤后，干渣作为水泥生产原料，电石渣滤液经沉淀池沉淀后送至乙炔站循环使用，剩余渣液抽送污水站中和维纶酸性废水，处理达标后排放。2012 年 2 月答辩人执行国家淘汰落后产能政策，关停了水泥厂，到 2012 年 2 月则完全停止电石的使用，不再生产电石渣，并于 2013 年 12 月拆除了主体设施。

4.因水泥停产，为加强环保管理，合理处置固废，答辩人将停产后剩余的电石渣外售给其他水泥厂生产水泥，在外售电石渣过程中，为便于挖掘和运输，对南侧靠进厂公路的坝体进行了破口，电石渣清理后立即对坝体破口进行了封堵。

5.因电石渣清理不彻底，尚存少量余渣，雨季雨水进入会产生一定量的淋溶水。为避免电石渣淋溶水穿过公路流入2#排放口后直接排入九龙溪，答辩人在电石渣池公路对面毗邻排放渠处建有一座电石渣水抽送泵房，将电石渣淋溶水通过排水沟进入泵房收集池收集，通过两台液下泵抽送至污水站处理达标（pH：6~9）处置（若雨水大，淋溶水从水沟溢出穿过公路也会进入泵房收集池），确保了电石渣淋溶水无直排。进入污水站的电石渣水淋溶水经处理后 pH 值均在6~9之间，达到《污水综合排放标准》（GB8978-1996）表4一级标准。

（三）有关2#排放口未安装在线监测设施的说明。

1.原告《民事公益起诉状》中所述的"电石渣堆场底部有一个废水排放口"情况是不存在的，电石渣堆场底部废水进入电石渣泵房收集池送污水站处理，并不进入2#排放口。答辩人2#排放口排放的废水为原锅炉麻石水膜除尘器的冲灰水和锅炉冲渣水经沉淀后的排放废水，2011年前答辩人环保科均有进行日常检测，每月均有报表。三明市环保局季度监测和委托第三方监测也有对2#口 pH 值监测数据（2015年9月至2017年8月公司停产除外），pH 值均在6~9之间达标排放。

2. 2011年3月，答辩人对除尘系统进行技改，停用麻石水膜除尘，改为电袋（静电＋布袋）除尘，并增设气力输灰装置，2#排放口排放量明显减少，仅有小量的锅炉冷却水清洁废水，故没有安装在线监测系统。答辩人先后二次打报告给三明市、永安市环保局进行了说明，两局均同意报告内容；2018年虽然维纶部分恢复生产，但由于生产负荷低，锅炉冷却水也全部循环使用，因此基本没有生产废水排放，仅有少量地表水及雨水。

综上，答辩人依法排污并对电石渣淋溶水已进行了有效收集与处置，不存在超标排放废水污染九龙溪水质的情形。原告主张答辩人存在长期超标排放的行为，没有事实依据。

四、答辩人已按《行政处罚决定书》（明环罚字〔2016〕41号）要求，对因极端环境下造成的环境违法行为作出积极整改。

《行政处罚决定书》（明环罚字〔2016〕41号）作出的背景是省执法督查组来检查时适逢50年一遇的第14号"莫兰蒂"超强台风强台风、第17号台风"鲇鱼"相继过境及当年10月份连续降雨，本次事件发生的主要原因是极端气候条件所致，也是偶发事件，不属常态，答辩人不存在超标排放的故意。

在接到三明市环保局的通知后，答辩人高度重视并迅速进行整改，采取的措施有：①对因台风暴雨导致破损的坝体进行修复；②检查维护电石渣泵房的泵体、管道，确保设备完成；③上述整改已于 2016 年 10 月 14 日完成。答辩人于 2016 年 11 月 3 日，将整改情况书面反馈至三明市环保局并抄送永安市环保局，二局均无提出异议。

同时，为确保恶劣天气状况下能够做到达标排放，答辩人于 2018 年投资换了一台功率更大的液下泵，提高了扬程和流量。

综上，2016 年答辩人发生的环境违法行为是因极端天气条件所致，在发现后，答辩人已积极整改完毕，截至至今，答辩人均是达标排放。

综上所述，原告起诉没有事实和法律依据，答辩人不存在污染土壤及地下水的污染行为，请求法院驳回原告的全部诉讼请求。

此致

永安市人民法院

答辩人：福建福维股份有限公司

2019 年 6 月 7 日

质证意见一

（提交永安市人民法院）

第一组证据

名　　称	1.《土壤污染防治责任书》
证据三性	真实性、合法性无异议。关联性不认可。
证明力	无。
质证理由	该证据是被告的污染防治制度，与本案争点无关。被告没落实污染防治制度的，会污染环境、破坏生态。

名　　称	2.《福建福维股份有限公司场地污染调查评估》
内容摘要	证据材料清单18页： 则，重点针对生产车间进行布点，同时兼顾全面性原则，在其他区域布设少量点位。厂区内布设土壤采样点7个。采样单元垂直方向采样深度根据污染源的位置、迁移和地层结构以及水文地质条件等进行判断设置，根据项目污染特征初步设定土壤终孔深 证据材料清单19页： 表4.2-1 监测点位坐标 （见下表） 证据材料清单20页： （见下表） 4.2.2 样品采样
证据三性	真实性、合法性无异议。关联性不认可。
证明力	无。

表4.2-1 监测点位坐标

样品类别	采样点位	样品状态
土　壤	污水站 1# N25.991769,E117.316473	棕黑色潮湿轻壤土
	除尘器下 2# N25.996632,E117.314666	灰黑色潮湿轻壤土
	煤场 3# N25.996348,E117.313466	灰黄色潮湿轻壤土
	酿碱站 4# N25.993905,E117.316617	黄色潮湿轻壤土
	维纶一厂 5# N25.996763,E117.310380	黄色潮湿轻壤土
	维纶二厂 6# N25.995540,E117.308351	棕色潮湿轻壤土

土　壤	三级泵房 7# N25.994730,E117.310033	黄色潮湿中壤土
地下水	地下水	无色无味澄清液体

续表

质证理由	一、本案起诉的事实和理由中，与土壤污染有关的是：被告电石渣堆场没有按《一般工业固体废物贮存、处置场污染控制标准》（GB18599-20）进行环境影响专题评价和竣工验收合格，坝体破损，渗滤液污染土壤、地下水。 二、该证据的7个土壤取样点在厂区内，与厂区外的被告电石渣堆场范围的土壤污染、地下水无关。

第二组证据

名　称	3.《环境管理体系认证证书》共计4份
证据三性	真实性、合法性无异议。关联性不认可。
证明力	无。
质证理由	该4份证据是被告的污染防治制度，与本案争点无关。被告没落实污染防治制度的，会污染环境、破坏生态。

第三组证据

名　称	4.《福建纺织化纤集团有限公司技改扩建PVA至60kt/a项目环境影响报告书》第六章《噪声和固废影响分析》
内容摘要	证据材料清单60页： 6.2.2　固体废弃物的综合利用、环境影响和处置措施分析 　　据调查，永安境内有水泥骨干企业和其他中小水泥生产企业共32家，目前水泥年生产总量已经达到289万吨，且与厂址距离较近。此外永安市主要制砖企业近20家，机砖年生产量已达到4000万块，这些水泥生产企业和制砖厂生产中需要大量的锅炉煤灰渣等固体废物。因此福建纺织化纤集团有限公司产生的电石渣和煤灰渣一直是当地建材企业的抢手货，有良好的利用前景，电石渣和煤灰渣属一般固废，在当地通过综合利用可以得到完全消纳，对环境的影响不大。 证据材料清单62页： 6.3.3　防止固体废物二次污染的措施 　　在贮存、处置过程中，若不采取有效的防范措施，会产生二次污染。如遇雨水冲刷成废水污染物，遇风吹形成粉尘，甚至因渗透影响地下水等。因此，应采取以下措施，防止固废的二次污染： 　　（1）渣场、煤场和炉灰渣的临时堆放场所应采取围护措施，或搭盖雨棚，防止雨水冲刷和风吹扬尘。 　　（2）碳粉和精馏残渣堆放场所的地面还应有防渗漏处理。 　　（3）各种废渣堆存场所应设置水源，并定时和装车外运进行喷湿，防止扬尘污染。

证据三性	真实性、合法性无异议。关联性不认可。
证明力	无。
质证理由	该环评报告是针对被告电石渣外售综合利用进行的固废影响分析，没有以《一般工业固体废物贮存、处置场污染控制标准》（GB18599－2001）作为依据，对案涉场地渗透系数、地下水质监控井设置等进行调查、分析、论证，污染防治措施不符合一般工业固体废物Ⅱ处置场的生态环境保护要求： 6.2 Ⅰ类场的其他要求 6.2.1 当天然基础层的渗透系数大于 $1.0×10^{-7}$ cm/s 时，应采用天然或人工材料构筑防渗层，防渗层的厚度应相当于渗透系数 $1.0×10^{-7}$ cm/s 和厚度 1.5 m 的粘土层的防渗性能。 6.2.2 必要时应设计渗滤液处理设施，对渗滤液进行处理。 6.2.3 为监控渗滤液对地下水的污染，贮存、处置场周边至少应设置三口地下水质监控井。一口沿地下水流向设在贮存、处置场上游，作为对照井；第二口沿地下水流向设在贮存、处置场下游，作为污染监视监测井；第三口设在最可能出现扩散影响的贮存、处置场周边，作为污染扩散监控井。 当地质和水文地质资料表明含水层埋藏较深，经论证认定地下水不会被污染时，可以不设置地下水质监控井。
名　　称	5.《永安市环保局关于福建纺织化纤集团有限公司技改扩建 PVA 至 60kt/a 项目环境影响报告书的审查意见》（永环保〔2005〕56 号） 6.《关于〈福建纺织化纤集团有限公司技改扩建 PVA 至 60kt/a 项目环境影响报告书〉审查意见的报告》（明环控〔2005〕57 号） 7.《扩建 PVA 至 60kt/a 项目环境影响报告书的函》（闽环保监〔2006〕2 号） 8.《三明市环保局关于福建福维股份有限公司技改扩建 PVA 至 60kt/a 项目环境验收意见的函》（明环防函〔2015〕5 号）

续表

内容摘要	证据材料清单 64 页： 5. 电石车间各除尘设施产生的烟粉尘和乙炔站产生的电石渣应综合利用，碳粉和醋酸残渣应送专用渣场安全贮存。 证据材料清单 68 页： 4. 电石车间各除尘设施产生的烟粉尘和乙炔站产生的电石渣必须综合利用，碳粉和醋酸残渣必须送专用渣场安全贮存，防止产生二次污染。 证据材料清单 71 页： 4. 生产过程产生的固体废物应分类收集并充分回收利用，不能利用的应妥善处理，防止固废的二次污染，经鉴别属危险 证据材料清单 79 页： 4. 固废污染控制措施 项目产生的固体废物醋酸残渣贮存在残渣池内，残渣池上下游设置了三个观测井；电石渣、电石粉尘、碳粉、炉渣和煤灰分别存放在一般工业固体废物贮存设施内，部分已外售利用。 证据材料清单 80 页： 确保污染物达标排放。2. 加强固废堆放场的围拦围墙的维修、维护工作，防止雨水冲刷和风吹扬尘；规范管理危险废物和第Ⅱ类一般工业固体废物，按危险废物的处置和第Ⅱ类一般工业固体废物贮存、处置要求进一步完善对固废管理和污染控制，并定期对醋酸残渣池、观测井进行巡检监测，做好台帐记录。3. 加强各项环
证据三性	真实性、合法性、关联性无异议。关联性说明：是被告侵权证据之一，与原告视频结合，反证被告有污染环境行为。
证明力	有。
质证理由	上述证据为行政许可，要求：电石渣综合利用。原告的视频证明被告至今没有综合利用完毕，电石渣堆场坝体破损，渗滤液排入地表水体。被告的行为：在行政上，是行政违法行为。在民事上，是生态环境侵权行为。

续表

名　称	9. 建设项目竣工环境保护验收监测报告（闽环站2011-C102）
内容摘要	证据材料清单97页： **4 污染及治理** **4.1 废水** **4.1.1 主要污染源及排放去向** 　　由于扩建工程是在现有生产基础上进行改扩建，所采用的生产工艺技术与老系统基本相同，主要污染源及排放去向如下： 1. 由1#排放口排放的废水 　　冷冻站、聚乙烯醇生产线（包括乙炔、合成、精馏、醇解、回收车间）冷却循环水等经1#排放口排放。全厂废水产生量约750t/h。 2. 由2#排污口排放的废水 　　①热电冲灰水和除尘废水 　　热电厂文丘里水膜除尘装置产生除尘废水和热电冲灰渣水经二煤沉淀池处理后废水经2#排放口排放。全厂废水产生量约260t/h。 　　②电石厂废水 　　电石厂变压器冷却水，全厂废水产生量约290t/h。 3. 由3#排污口排放废水 　　3#排放口排放污水处理站处理后废水，废水产生量约310t/h。主要污染物产生途径如下： 证据材料清单104页： 表4-2　固废产生量及处置情况 证据材料清单109页： **6.4 固废** 　　该项目产生的固体废物主要有电石渣、电石车间烟粉尘、煤灰渣、碳粉和醋酸残渣。电石渣和煤灰渣全部外售，碳粉和醋酸残渣送醋酸渣池堆放。所有固体废物基本上都可得到综合利用和妥善处理。煤灰渣属于一般工业固体废物，电石渣、

表4-2　固废产生量及处置情况

固废	固废产生量	处置情况
电石渣	128.15kt/a（含水50%）	外售
电石粉尘	8.494t/a	外售或用于热电厂脱硫材料
碳粉	173t/a（含水30%）	送醋酸残渣池渣场堆放处理
醋酸残渣	155t/a	有机精馏车间回收醋酸残液产生的废渣，送渣场堆放。
炉渣和煤灰	104.8kt/a	出售综合利用；回收的粉煤灰外售
合计	233.3kt/a（含水）	—

续表

| 内容摘要 | 证据材料清单 110 页：

8.1 验收期间工况
　　在 2011 年 7 月 20 日至 21 日福建省环境监测中心站验收监测期间及在 2011 年 7 月 25 日至 26 日，2011 年 11 月 7 日至 8 日和 2012 年 3 月 4 日至 5 日福建省三明环境监测站验收监测期间，福建福维化纤集团有限公司炉渣运行情况见表 8-1（附件 16-5），生产工况见表 8-2（附件 16-1）。电石厂地正满负荷生产，三分厂污水处理站正常投入使用，各辅助设施均正常使用。生产负荷达到设计能力的 75% 以上，符合国家环境保护总局环发〔2000〕38 号《建设项目环境保护设施竣工验收监测技术要求（试行）》中对建设项目竣工验收监测的工况要求。

证据材料清单 138 页：

表 11-1　本扩建工程落实"环评"提出的的环保措施情况一览表

{ 3 \| 电石渣水 \| / \| 循环使用 \| 已落实。在公司渣池边建立循环池将电石渣水澄清液回用与乙炔站代替水与乙炔反应。见附图 2 }
{ 8 \| 煤灰渣、电石渣 \| / \| 全部综合利用 \| 已落实。三分厂原来处理电石渣渣项建设，现已停产，煤灰渣、电石渣外卖综合利用。见附件 9，附件 15。 }

证据材料清单 139 页：

表 11-2　本扩建工程需落实"环评"批复的要求情况一览表

{ 4. 生产过程产生的固体废物应分类收集并充分回收利用，不能利用的应妥善处理，避免固废的二次污染，经鉴别属危险废物的应按规定送有资质的单位处置。 \| 未完全落实。生产过程产生的固体废物有分类收集：片碱运送生产厂家回收；煤灰、炉渣外售；电石渣外售；电石粉灰用于脱硫；碳粉和醋酸残渣经监测属第 II 类一般工业固体废物，目前碳粉和醋酸残渣储存在企业建设的堆放池内。但堆放池建设项目尚未验收。 }

证据材料清单 142 页：

12.1.5 固体废物
　　扩建工程 2010 年 1 月至 12 月实际固废产生量 233.3 kt/a，其中炉渣和煤灰 104.8kt/a，电石渣（含水量约 50%）128.2kt/a，电石烟粉尘 8.494kt/a，目前全部外售综合利用。醋酸残渣 155t/a；触媒碳粉 173t/a（含水量约 30%），送醋酸残渣池渣场堆放处理。

证据材料清单 131 页：

　　一般工业固废鉴别结果表明：按照 GB5086 规定方法进行浸出试验而获得的浸出液中，化纤厂电石渣及电石车间烟粉尘浸出液所检重金属指标均低于《一般工业固体废物贮存处置场污染控制标准》（GB18599-2001）中规定的标准限值。但电石渣 pH 测定值 12.22～12.27；电石车间烟粉尘 pH 测定值 12.29～12.38；碳粉 pH 测定值 4.56～4.62；醋酸残渣 pH 测定值 3.58～3.63。碳粉、醋酸残渣 pH<6，电石渣、电石车间烟粉尘 pH>9，可以判定以上 4 种固废属于第 II 类一般工业固体废物。

证据材料清单 143 页：

的运行情况要有专人负责管理，杜绝事故性污染。11.2.3 加强各堆放场所如电石渣堆放场、煤场和炉灰渣堆放场的围栏围墙的维修、维护工作，以避免恶劣天气条件下各类固废对附近环境带来的污染，防止雨水冲刷和风吹扬尘。落实《容积为 |

续表

证据三性	真实性、合法性、关联性无异议。关联性说明：是被告污染环境证据之一，与原告视频结合，反证： 一、被告电石渣没有全部综合利用，电石渣堆场渗漏污染环境。 二、该验收报告证明 2# 排污口排放的废水量约 550t/h，高于 3# 排污口排放废水量约 310t/h。与原告视频大量排放废水情形相互印证。与被告答辩状陈述只有少量废水排放不符。 三、该验收报告的编制时间是 2012 年 2 月，福建省环境监测中心站的验收监测期间为 2011 年 7 月—2012 年 1 月。
证明力	有。
质证理由	该验收报告是针对被告电石渣外售综合利用进行的验收，没有以《一般工业固体废物贮存、处置场污染控制标准》（GB18599-2001）作为依据进行验收。

第四组证据

名　称	证据 10 共 5 份监测报告
证据三性	10.1《废水污染源监督性监测报告》（明测报字［2013］监督 028 号）：真实性、合法性无异议。关联性不认可：2# 热电出口监测结果，只能证明监测单位监测取样时排放达标，不能证明监测取样时间以外排放达标，不能排除被告偷排。 10.2《废水污染源监督性监测报告》（明测报字［2014］监督 090 号）。 10.3《废水污染源监督性监测报告》（明测报字［2017］监督 060 号）。 10.4《废水污染源自动监测设备比对监测报告》（明测报字［2018］监督 030 号）：以上 3 份报告，真实性、合法性无异议。关联性不认可：不涉及本案诉争的 2# 热电出口监测结果。 10.5《废水污染源监督性监测报告》（永测报字［2019］监督 B021 号）：真实性、合法性无异议。关联性不认可：只能证明 2# 排放口监测取样时停用，不能排除被告偷排。
证明力	无。

名　　称	证据 11 共 39 份监测报告
证据三性	11.1 2014 年度《检测报告》共计 9 份： 一、对其中 6 份真实性、合法性无异议。关联性不认可：不涉及本案诉争的 2 #排放口。 二、对其中 3 份报告编号：CTHJ（2014）07034、报告编号：CTHJ（2014）08032 的检测报告、报告编号：CTHJ（2014）09042 真实性、合法性无异议。关联性不认可：只能证明监测单位监测取样时排放达标，不能证明监测取样时间以外排放达标，不能排除被告偷排。 11.2 2015 年度《检测报告》共计 8 份： 一、对其中 4 份真实性、合法性无异议。关联性不认可：不涉及本案诉争的 2 #排放口。 二、对其中 4 份报告编号：CTHJ（2015）03076、报告编号：CTHJ（2015）04081、报告编号：CTHJ（2015）05040、报告编号：CTHJ（2015）08032 的检测报告真实性、合法性无异议。关联性不认可：只能证明监测单位监测取 11.3 2017 年度《检测报告》共计 6 份： 一、对其中 3 份真实性、合法性无异议。关联性不认可：不涉及本案诉争的 2 #排放口。 二、对其中 3 份报告编号：HDHJ（2017）QY0239、报告编号：HDHJ（2017）QY0255、报告编号：HDHJ（2017）QY0323 真实性、合法性无异议。关联性不认可：只能证明监测单位监测取样时排放达标，不能证明监测取样时间以外排放达标，不能排除被告偷排。 11.4 2018 年度《检测报告》共计 12 份。 11.5 2019 年度《检测报告》共计 5 份： 真实性、合法性无异议。关联性不认可：不涉及本案诉争的 2 #排放口。
证明力	无。

232

第五组证据

名　　称	被告主张的涉密证据，只提供法院，不向原告提供，包括第五组证据：12、13、14、15、19、21共6份
质证意见	被告当庭撤回了第五组证据：12、13、14、15、19、21共6份，原告不再质证。

名　　称	第五组证据：16、17、18、20共4份		
内容摘要	证明目录第7页：		
	18.	（1）总经理办公会议纪要（[2012]14号） （2）生产调度会纪要（2012年2月7日第4期、第47期；2013年1月8日第1期）	（1）2012年年初，被告电石厂整体停厂（公司建有1#、2#电石炉，1#电石炉于2012年1月中旬停炉、2#电石炉于2012年3月初停炉）； （2）2013年1月起，被告有机厂不具备开车条件而整体停车（公司有机厂设有6条片状生产线，其中4条于2012年年初停车，另外2条于2013年年初起停车大修）。因此，被告自2012年起，不再产生新的电石渣。	485-489
	19.	福建福维股份有限公司关于调整"十二五"节能目标的请示（福维生[2012]127号）（该文件为涉密，只提供法院，不向原告提供）		
证据三性	真实性、合法性、关联性无异议。关联性说明：反证被告电石渣产生于2012年之前，没有按行政许可要求全部综合利用，堆放至今，堆放场所应当符合一般工业固体废物Ⅱ处置场生态环境保护要求。		
证明力	有。		

名　称	22.《关于公司 2# 排放口无法监测的说明》《关于 2 号废水排放口停情况的说明》
内容摘要	证据材料清单第 494 页： 但经过 2013 年公司投资 200 多万元对其改造，改为干出灰（气力输送），无排放。热电内部冷却水内部全部循环回用，现只有炉渣出炉的时候需冷却水冷却，冷却时冷却水大量蒸发，只有少量冷却水（约 10t/h，目前公司只开一台锅炉），经过公司四级沉淀池沉淀后排放，由于公司排放明渠宽度为一米，在排放口无法取到水样。特此说明！ 证据材料清单第 495 页： 出渣的气力出灰，电石、水泥厂也早已停产拆除，目前只有少量的电石渣场渗漏的电石渣水通过收集由水泵抽送往公司污水站处理，今年近来该排放口无废水排放，一直处于排停用状态。
证据三性	真实性、合法性、关联性不认可。
证明力	无
质证理由	一、与被告提交的 2014 年度《检测报告》中的 3 份自相矛盾。［报告编号：CTHJ（2014）07034、报告编号：CTHJ（2014）08032 的检测报告、报告编号：CTHJ（2014）09042］，该 3 份报告证明从 2# 排放口进行了取样监测。 二、与被告提交的 2015 年度《检测报告》中的 4 份自相矛盾。［报告编号：CTHJ（2015）03076、报告编号：CTHJ（2015）04081、报告编号：CTHJ（2015）05040、报告编号：CTHJ（2015）08032］，该 4 份报告证明从 2# 排放口进行了取样监测。 三、与被告提交的 2017 年度《检测报告》中的 3 份自相矛盾。［报告编号：HDHJ（2017）QY0239、报告编号：HDHJ（2017）QY0255、报告编号：HDHJ（2017）QY0323］，该 3 份报告证明从 2# 排放口进行了取样监测。 四、证据种类属于当事人陈述。被告一方陈述与被告提交书证自相矛盾的，不能作为认定事实的根据。

第六组证据

名　　称	23.《整改报告》
证据三性	真实性、合法性、关联性不认可。
证明力	无。
质证理由	证据种类属于当事人陈述。被告整改合格的应当以三明市环保局行政处罚卷宗内的现场检查（勘察）笔录作为证据。

第七组证据

名　　称	第七组证据：24、25、26
证据三性	真实性、合法性、关联性无异议。

本案于 2019 年 7 月 19 日在永安市人民法院举行庭前会议。过程中，福维公司代表人表示公司现已对诉争的电石渣堆场进行整改。绿家园主任林英、案件代理人邓佳瑜、案件代理律师吴安心、志愿者以及相关专家在庭前会议结束后，立即与环保局人员、福维公司代表前往现场核实，并在第二日向永安市人民法院提出了代理意见。

代理意见

合议庭：

2019 年 7 月 19 日上午庭审中，被告提出对诉争的电石渣堆场正在整改。庭审结束后，原告到电石渣堆场进行了现场调研。现提出意见如下：

从现场情况来看，被告正在整改属实，但存在以下问题：

一、被告的整改施工没有通知原告、贵院。原告、贵院

235

对被告的整改不知情，被告也没有将整改工程的设计文件提交原告、贵院。至于是否提交永安市生态环境局、三明市生态环境局尚不知情。

二、在调研过程中，原告要求被告将整改工程的设计文件提交原告。不愿提交原告的，应当提交贵院。被告工作人员态度不明确，既不拒绝，也不认可。

既然被告在诉讼中整改，本案就有达成调解协议的可能性。但根据《最高人民法院关于审理环境民事公益诉讼案件适用法律若干问题的解释》第 25 条："环境民事公益诉讼当事人达成调解协议或者自行达成和解协议后，人民法院应当将协议内容公告，公告期间不少于 30 日。公告期满后，人民法院审查认为调解协议或者和解协议的内容不损害社会公共利益的，应当出具调解书。当事人以达成和解协议为由申请撤诉的，不予准许。调解书应当写明诉讼请求、案件的基本事实和协议内容，并应当公开。"《最高人民法院、民政部、环境保护部关于贯彻实施环境民事公益诉讼制度的通知》："……五、环境民事公益诉讼当事人达成调解协议或者自行达成和解协议的，人民法院应当将协议内容告知负有监督管理职责的环境保护主管部门。相关部门对协议约定的修复费用、修复方式等内容有意见和建议的，应及时向人民法院提出。"本案如能达成调解协议，贵院需要对调解协议进行审查，审查的依据就是被告整改工程的设计文件、监理文件、竣工验收文件，以及生态环境部门的意见和建议。

问题是，被告在整改过程中不与原告、贵院接触，也并无征求原告、贵院意见。原告对被告整改工程的设计、施工、竣工验收无法发表意见。一旦被告整改竣工，再通知贵院整改结果，原告对整改结果如提出不同意见，将对本案的调解或者判决造成很大困扰，也极大浪费生态修复资源。

综上，请求贵院责令被告提交整改工程设计文件，并举行听证会。听取原告、生态环境部门对整改工程设计、施工、监理、竣工验收方案的意见。审查被告的整改工程设计、施工、验收方案是否符合《一般工业固体废物贮存、处置场污染控制标准》（GB18599-2001）Ⅱ类处置场要求。

2019 年 12 月 6 日上午，绿家园诉福维公司水污染环境公益诉讼案一审开庭，法院就案件相关争议焦点进行审理，2019 年 12 月 17 日，案件第二次庭审，关于案件的争议焦点原被告双方发表意见，此次专家辅助人出席就环境损害给予专家咨询意见。两次庭审均通过网络现场直播，共获得 17 198 人关注。庭审结束后的第二日绿家园向法院再次提交代理意见。案件生态损害咨询专家于 2019 年 12 月 20 日向法院递交专家咨询意见。两家支持起诉单位于 2020 年 1 月 2 日向法院递交第二次支持起诉意见书。

代理意见

尊敬的合议庭：

现根据案件事实和庭审情况，就本案争议焦点和法律适用提出如下意见，请合议庭评议参考：

一、被告是否存在损害事实

首先，被告向法院提供的《电石渣池固废污染防治竣工环保验收监测报告》复印件、《固废污染防治竣工验收意见》复印件，均表述了"由于降水，2#渣池凹陷坑内积存大量雨水，污水会沿着堆场边沿挡坝破口处渗漏出来，从而污染周围环境"，证明 2019 年 9 月 20 日之前企业确实存在原告主张的污染现象。

其次，被告提供的《电石渣池固废污染防治竣工环保验收监测报告》的第 11 页，被告委托的地下水检测技术单位，在 2019 年 9 月 18 日的地下水检测中，没有对重要特征污染物——pH 的开展监测。以及在我们查询的资料当中，企业是省级土壤环境重点监管企业，于 2019 年 7 月份根据《三明市永安生态环境局关于开展土壤环境重点监管企业自行监测的通知》，在企业网站发布了土壤和地下水自行监测数据的招投标工作，标注土壤和地下水的自行监测工作于 2019 年 9 月 30 日完成。但目前被告提供给法院的监测数据，仅有地下水的数据，且地下水中重要的特征污染物 pH 值的检测数据缺失。9 月 30 日之前的土壤检测报告并未提供，对于 9 月 30 日之前电石渣场堆的土壤环境是否没有受到污染无法提供证明。

最后，《固废污染防治竣工验收意见》结论及此次出庭专家都表述了，验收合规有很多前置条件，说明场地还存在风险，全部完成建议所诉内容，才算项目竣工通过验收。在这些前置条件未完成之前，被告并没有完全消除2#电石渣场堆环境造成的风险。

所以，被告提交的监测结果和竣工意见并不能证明被告已消除了2#电石渣场堆的环境风险，以及地下水的pH值没有超标，且也无法证明企业在施工整治之前没有污染地下水和土壤。

二、被告2#电石渣池积液是否排入九龙溪

首先，被告提交的《福建福维股份有限公司2#电石渣池固废污染防治竣工环保验收监测报告》第3页、《福建福维股份有限公司2#电石渣池固废污染防治竣工环境保护验收意见》第1页均表述了"由于降水，2#渣池凹陷坑内积存大量雨水，污水会沿着堆场边沿挡坝破口处渗漏出来，从而污染周围环境"，印证2019年9月20日之前被告存在污染地表水的行为。

其次，被告提交的《福建福维股份有限公司技改扩建PVA至60kt/a项目竣工验收报告》第9页图3-2福建福维股份有限公司厂区平面布置图、第53页图8-1噪声和无组织排放大气监测点位图，证明被告2#排污口起点是2#电石渣池底下排放口，终点是九龙溪。

最后，原告提交现场排污视频证明被告 2# 电石渣池积液排放九龙溪。

综上，被告 2# 电石渣池积液排入九龙溪。

三、被告提交的整改报告当中存在的问题

被告提供的 2019 年 11 月份广电计量检测（福州）有限公司的检测报告（报告编号：B201908050369-01）复印件，没有加盖 CMA 计量认证章，报告不具有证明作用。且没有针对电石渣场堆这个特定点进行布点取样检测，仅有采样点位 T6 "电石渣场西侧空地" 与本案有关联性，取样点和污染点距离太远，不符合土壤的环境监测技术。

首先，疑似污染地块对人体健康风险的土壤环境初步调查、污染地块土壤环境详细调查与风险评估适用《建设用地土壤环境调查评估技术指南》，指南写明：布点不当可能发现不了污染，造成误判。布点数量应当综合考虑代表性和经济可行性原则。鉴于具体地块的差异性，布点的位置和数量应当主要基于专业的判断。原则上：初步调查阶段，地块面积 ≤ 5000m^2，土壤采样点位数不少于 3 个；地块面积 > 5000m^2，土壤采样点位数不少于 6 个，并可根据实际情况酌情增加。详细调查阶段，对于根据污染识别和初步调查筛选的涉嫌污染的区域，土壤采样点位每 400m^2 不少于 1 个，其他区域每 1600m^2 不少于 1 个。地下水采样点位数每 6400m^2 不少于 1 个。2# 电石渣的场地超过 5000m^2，土壤检测点仅有 1 个，不符合《建设用地土壤环境调查评估技术指南》。

其次，建设用地污染地块风险管控与土壤修复效果的评估，适用于《污染地块风险管控与土壤修复效果评估技术导则（试行）》（HJ 25.5—2018），其中对布点的基坑面积、坑底采样点数量、侧壁采样点数量做了明确规定，且采样点数量之间的网格大小不超过40m×40m。被告的土壤检测报告既不符合基础的《建设用地土壤环境调查评估技术指南》，也不符合《污染地块风险管控与土壤修复效果评估技术导则（试行）》（HJ 25.5—2018），检测结果并不能证明被告的2#电石渣场堆没有造成土壤污染。而且监测结果也同样缺乏同期重要的地下水的检测值。

根据《检验检测机构资质认定（CMA）证书附表——广电计量检测（福州）有限公司》（证书编号：181300340303），广电计量检测（福州）有限公司只对检测报告（报告编号：B201908050369-01）中的以下检测项目有检测资质：pH、铜、锌、镉、铅。检测报告（报告编号：B201908050369-01）中的其他检测项目广电计量检测（福州）有限公司没有检测资质，相关数据不具有证明作用。

附：

1. 建设用地土壤环境调查评估技术指南（环保部公告2017年第72号）；

2. 污染地块风险管控与土壤修复效果评估技术导则。

专家咨询意见

电石渣是电石经反应后的产物，属Ⅱ类一般工业固体废物。各地电石渣成分略有不同，但主要是氢氧化钙，一般还含有硫、镉和镍等，其渗滤液 pH 呈碱性，同时还会含有电石渣中的相关成分，如不经处理直接排入水体会对水体生态环境造成损害。生态环境损害费用不仅包括把生态环境恢复原状（基线）的费用，还包括生态环境损害从发生到恢复到原状（基线）期间的生态服务功能损失费用。

根据《环境损害鉴定评估推荐方法（第Ⅱ版）》《生态环境损害鉴定评估技术指南总纲》《生态环境损害鉴定评估技术指南损害调查》《突发环境事件应急处置阶段环境损害评估推荐方法》及《关于虚拟治理成本法适用情形与计算方法的说明》：水体生态环境损害鉴定评估首选实际恢复费用法，即根据调查先确认水体生态环境中地表水、沉积物、底栖生物、鱼类以及生态服务功能等的受损实物量，然后通过计算恢复这些损害实物量的实际费用作为环境损害费用。但由于目前《生态环境损害鉴定评估技术指南地表水与沉积物》尚未发布，水体生态环境鉴定评估缺乏相应技术规范，如全面鉴定评估会存在费用高、周期长等问题；另外对于流动性水体，污染物会随着水体转移，如调查监测不及时会存在损害事实不明确或灭失的情况。目前在流动性水体生态环境损害鉴定评估中实际恢复费用法实践不多，应用较多的是虚拟治理成本法。虚拟治理成本是指工业企业和污水处理厂治理等量的排放到环境中的污染物应该花费的成本，即污染物排放量与单位污染物虚拟治理成本的乘积。单位污染物虚拟治理成本是指突发环境事件发生地的工业企业和污水处理厂单位污染物治理平均成本（含固定资产折旧）。在量化生态环境损害时，可以根据受污染影响区域的环境功能敏感程度分别乘以一定的系数作为环境损害数额。利用虚拟治理成本法计算得到的环境损害数额可以作为生态环境损害赔偿的依据。

虚拟治理成本法适用于①排放污染物的事实存在，由于生态环境损害观测和应急监测不及时等原因，导致损害事实不明确和生态环境已自然恢复；②不能通过恢复工程完全恢复的生态环境损害；③实施恢复工程的成本远远大于其收益的情形。根据原告陈述，电石渣渗滤液排入九龙溪。由于九龙溪水生态环境损害观测和应急监测不及时等原因导致生态环境损害事实不明确，可以适用虚拟治理成本法来量化生态环境损害。即计算排入九龙溪的电石渣渗滤液量（通过降雨量、地表径流系数及污水处理回用量等综合考虑），以及调查电石渣渗滤液处理的实际成本和确认九龙溪的功能区敏感系数，三者乘积即为环境损害数额。

由于缺少电石渣渗滤液外排量和电石渣渗滤液处理成本的数据，目前尚不能对环境损害赔偿费用进行量化评估。

支持起诉意见书二

永安市人民法院：

我单位系贵院（2019）闽 0481 民初 2061 号福建省绿家园环境友好中心与福建福维股份有限公司固体废物污染责任纠纷一案的支持起诉单位，经认真观看本案于 2019 年 12 月 6 日下午、12 月 17 日上午公开审理的庭审直播，并通过原告查阅了原被告双方已提交的证据和初步调解方案，现提出意见如下：

一、现有证据足以认定被告污染了九龙溪

首先，被告提交的《福建福维股份有限公司 2# 电石渣池固废污染防治竣工环保验收监测报告》第 3 页、《福建福维股份有限公司 2# 电石渣池固废污染防治竣工环境保护验收意见》第 1 页均表述了"由于降水，2# 渣池凹陷坑内积存大量雨水，污水会沿着堆场边沿挡坝破口处渗漏出来，从而污染周围环境"，印证 2019 年 9 月 20 日之前被告存在污染地表水的行为。

其次，被告提交的《福建福维股份有限公司技改扩建 PVA 至 60kt/a 项目竣工验收报告》第 9 页图 3-2 福建福维股份有限公司厂区平面布置图、第 53 页图 8-1 噪声和无组织排放大气监测点位图，证明被告 2# 排污口起点是 2# 电石渣池底下排放口，排放口接水泥渠，水泥渠终点是九龙溪。

最后，原告提交的现场排污视频证明被告 2# 电石渣池渗滤液溢出渣水泵泵房下的拦水坝外排到水泥渠，最终排放到九龙溪。

综上，被告 2# 电石渣池渗滤液污染了九龙溪。

二、如何收集电石渣渗滤液外排量、电石渣渗滤液处理成本方面的证据

根据出庭专家意见，本案还缺乏对环境损害赔偿费用进行量化评估的条件，具体原因为缺少电石渣渗滤液外排量、电石渣渗滤液处理成本的数据。故我单位现就如何收集电石渣渗滤液外排量、电石渣渗滤液处理成本方面的证据进行分析：

（一）如何收集电石渣渗滤液外排量证据

根据出庭专家意见，计算排入九龙溪的电石渣渗滤液量，可以通过降雨量、地表径流系数及污水处理回用量等综合考虑。

降雨量，根据被告提交的证据《福建福维股份有限公司场地污染调查评估》第 7 页，为"年平均降雨量 1565.9 ㎜"。

地表径流系数，可根据现场勘查被告 2# 电石渣池所在地清水池村地质环境、植被情况取经验值。

污水处理回用量的计算，需考虑电石渣清液与酸性废水中和工艺以及电石渣清液的总量和浓度。根据被告提交的证据 15，该项证据中列明的文件，应包含上述数据，但该证据被告称涉密而未向原告提供。被告证据 15 的证据名称为：①《电石渣清液回收利用项目可行性论证》及《电石渣清液回收利用项目可行性报告》；②项目评审会议；③项目技改措表、技改技措项目验收单、项目总结验收单。

其证明内容为：为杜绝2#排放口废水 pH 值出现超标排放的现象，被告经可行性论证，并进行了项目验收合格，被告将电石渣清液进行回收并将其与污水处理站于维纶生产系统的酸性废水进行的中和调节，处理达标后方进行排放。因此，计算污水处理回用量，可通过责令被告提供以下证据实现：

1.《电石渣清液回收利用项目可行性论证》及《电石渣清液回收利用项目可行性报告》；项目评审会议；项目技改措表、技改技措项目验收单、项目总结验收单。

2.被告电石渣清液与酸性废水中和环节生产台账。

（二）如何收集电石渣渗滤液处理成本证据

电石渣渗滤液处理成本与总量、浓度有关。一是可以根据市场调查法取值。二是也可根据被告的电石渣清液回收利用项目营运成本取值。故计算电石渣渗滤液处理的成本需要收集的证据，与前述计算污水处理回用量的证据相同。

综上，为查清案件基本事实，继续推进本案，法院应责令被告提供上述关键证据，并依法委托评估机构或专家就环境损害赔偿费用进行量化评估。

三、本案存在的问题

本案对环境损害赔偿费用进行量化评估的证据收集不全面、不充分，导致被告污染九龙溪造成的生态环境损害后果尚未查清。贵院应当依职权调查收集证据，本案是环境民事公益诉讼，在事实没有查清的情况下，由原、被告双方达成调解协议，可能损害社会公共利益。

根据《最高人民法院关于适用〈中华人民共和国民事诉讼法〉的解释》第 96 条："民事诉讼法第 64 条第 2 款规定的人民法院认为审理案件需要的证据包括：①涉及可能损害国家利益、社会公共利益的；②涉及身份关系的；③涉及民事诉讼法第五十五条规定诉讼的；④当事人有恶意串通损害他人合法权益可能的；⑤涉及依职权追加当事人、中止诉讼、终结诉讼、回避等程序性事项的。除前款规定外，人民法院调查收集证据，应当依照当事人的申请进行。"

根据《最高人民法院关于审理环境民事公益诉讼案件适用法律若干问题的解释》第 14 条："对于审理环境民事公益诉讼案件需要的证据，人民法院认为必要的，应当调查收集……"

因此，贵院应当依职权收集《电石渣清液回收利用项目可行性论证》《电石渣清液回收利用项目可行性报告》、项目评审会议、项目技改措表、技改技措项目验收单、项目总结验收单、被告电石渣清液与酸性废水中和环节生产台账，并依法委托评估机构或专家对本案环境损害赔偿费用进行量化评估。

综上所述，本案系环境民事公益诉讼，现阶段案件事实尚未查清，不具备调解的基本条件。恳请法院依法调取证据，继续查清本案事实，在查清案件事实的基础上，依法认定被告法律责任，维护社会公共利益。

以上意见，请合议庭考虑。

中国政法大学环境资源法研究和服务中心

2020 年 1 月 2 日

北京自然之友公益基金会

2020 年 1 月 2 日

肆

办案笔记

在 2018 年 9 月 10 日正式向福维公司提起环境公益诉讼之前，福建绿家园已多次将发现的问题向环保部门进行投诉，环保部门在给予了会尽快处理的答复后，并没有使企业的污染情况得到实质性的转变。福维公司外排强碱废水的现象依然存在，露天堆放的废渣也丝毫未有处置和减少的迹象。

绿家园的环境专家和律师分别于 2018 年 4 月 29 日及 2018 年 7 月 22 日对福维公司的污染行为进行选案评估。绿家园的专家律师从污染行为是否损害社会公共利益，是否影响水、土壤的生态功能，是否影响当地居民的生产生活，排污行为是否违法，行政手段是否能推动解决等方面对该案进行深入分析，同时还商讨了诉讼的目的和诉求、被告的履行能力和绿家园提起诉讼需要的人力、物力等诉讼策略。

经过深入分析和评估，专家们认为：强碱水每日大量直排会对水中的水生生物、水体的服务功能造成严重影响，并危及下游居民的生产生活用水。废石渣所含的重金属没有经第三方检测单位检测，长期暴露在空气中，且未开展防渗防漏工作，经过自然雨水冲刷，有物质外流和危及地下水资源的可能性，因此废渣应尽早清除，并交由专业处理公司妥当处置。专家的意见奠定了绿家园向福维公司提起环境公益诉讼的基础。

经此评估之后，绿家园在 2018 年 9 月 10 日向三明市中级人民法院正式提交该案的起诉材料。并在起诉材料提交后的 10 月 30 日，由绿家园环境法律与事务部团队前往三明中院与生态庭法官座谈，介绍案件详情。考虑到被告的执行能力和生态修复的执行难度，绿家园于 2018 年 12 月 18 日递交了更新的起诉状，明确了自己的立场和相关诉讼请求，即围绕立即停止对环境的侵害，清理和修复污染场地展开。为有利于案件所涉及污染的综合治理，达到更好的法律效果和社会效果，三明中院报请福建省高级人民法院批准，裁定本案由永安市人民法院审理。

在本次案件起诉过程中也出现了一些小插曲，永安市人民法院与绿家园就公益诉讼中公告费用的缴纳产生了些许分歧。众所周知，新《环境保护法》的实施，让公益组织有权利在污染者面前拿起法律的武器，可案件一旦受理，便会涉及诉讼费用的缴纳。最高院有关司法解释规定，公益组织提起的公益诉讼案件，诉讼费用可以申请缓交，但案件公告费用是否在此缓交范围之内，尚无明确规定。2019年5月24日，绿家园接到永安市人民法院的电话，告知需缴纳公告办理费用。2019年6月3日，绿家园再次收到永安市人民法院的《预交公告费通知》，表示该案涉及九龙溪流域所涉范围较大，为保障有权提起诉讼的其他机关和社会组织申请参加诉讼的权利，永安市人民法院拟在省级报刊（《福建法制报》）上公告案件受理情况，并通知绿家园在接到该通知后7日内预缴公告费。

作为公益组织的绿家园，对此并无专项经费支持。此外，以上两次缴纳公告费用的通知也不禁让人思考：其一，案件公告费用，公益组织是否可以申请缓交或者免交？其二，在目前，环境公益诉讼是否必须在报刊公示才可达到广而告之的目的？针对第一次通知，绿家园积极联系三明中院帮助协调，2019年5月29日，案件在三明法院网进行了立案公告。针对第二次通知，绿家园在2019年6月17日向永安市人民法院递交《网络公告申请书》，并请求联系福建省高级人民法院官网进行公告，以达到案件广而告知的目的，上述问题得以解决。

另外，在生态环境损害评估方面，2019年5月20日，绿家园环境法律与事务部团队成员前往永安市人民法院与法院副院长、生态庭庭长见面沟通，对方对案件的生态鉴定费用及后续的生态修复表示了担忧。而后2019年6月7日，案件代理律师向三明中院生态庭庭长就鉴定方式去联系函，对环境损害评估鉴定、专家辅助人意见两种评估方式在权威性、科学性、效率、费用、调解可能等方面进行对比分析，并建议如申请单位鉴定，费用可由法院协助申请"中华环境保护基金会环境损害鉴定公益基金"帮助案件解决鉴定费用的问题。

2019年7月，案件举行庭前会议，绿家园法务团队在永安市人民法院前合影。

伍

案件后续

因本案尚且在审理之中，最后的审理结果以及法院会判决福维公司应履行什么样的义务、应做出什么样的措施弥补其污染造成的损失尚未可知。不置可否的是，福维公司要为其自身造成的环境污染承担相应的责任。

我国环境法的基本制度在福维公司开创时期以及企业发展最为迅猛的时期尚未完善，许多制度都处于探索阶段。环境影响评价制度、"三同时"制度、排污许可制度等我国环境法主要制度都是在实践以及对国际社会立法的借鉴中得以确定的，故福维公司存在的污染问题难以整改不是个案，其背后也折射出老牌企业在中国绿色经济的发展下想要实现快速转型是较为困难的。一些老旧的生产工艺和生产方式在过去企业鼎盛的年代里或许确实为企业利润创收贡献了巨大的力量，但是在经济日益发展而资源却日益短缺的今天，企业开发新兴环保技术实现生产才是令其在当代依旧焕发活力、充满企业竞争力的根本保障。

"千里之堤溃于蚁穴"，或许立足于整个生态环境，福维公司的排放不足以造成大环境的大影响，但污染不从源头予以治理，我们又要如何尽快打赢污染防治的攻坚战。生态环境事关民生福祉，美丽中国需要司法保护，实行最严格的生态环境保护制度，通过本案司法保护，形成刚性约束。我国环境法多年的修改方向从发现污染对症下药到以预防为主、防治结合，这绝非只是立法的进步，这是法律投射出的整个社会的价值观念，绿水青山方才是金山银山。

致 谢

2019 年绿家园开启了以往环境公益诉讼案例的整理工作，有意向通过梳理个案，为有志于了解和研究环境公益诉讼的能人志士提供有价值的文本材料。

这个想法起源于 2018 年我在云南参加生态践行者项目学习时，留意到学者在参与社会组织的工作中，留下了很多有价值的本文材料供后人研究，因此也希望有更多的学者可以把绿家园设定为自己的田野点，做更多深入的研究，并投入到社会组织的工作中。在我提出这个想法后，自然之友的总干事张伯驹和我说，社会组织需要打破文字的壁垒，我们自己也可以做记录者和研究者，这让我的想法有了改变，也给予了我很大的信心。与其等待，不如自己开始行动，但从哪里开始着手呢？2018 年在福建举办的第四届"生态环境共治研讨会"，我们有幸邀请到了清华大学当代中国研究中心的李楯教授，他在大会总结发言上说，希望能有这么一本东西，就是老老实实记录所有正在发生的公益诉讼，它们的价值都值得被看见。所以这一本案例集就在我心中萌芽了，我在 2019 年 3 月正式开始准备。

3 月，我们面向公众招募了 6 名志愿者成立了撰写团队，他们来自于不同的城市、高校、律所，并于 6 月完成了案例集的初稿。在此要特别感谢案例的编写成员李畅、苏少华、

254

兰谣成、胡环宇、郑晓茶、陈彩颖的倾力支持，作为一次远程的团队协作，大家用自己的休息时间，完成了大量案件材料的阅读、梳理和信息检索，顺利完成了阶段目标。也要感谢李梦琦、徐建雄、张南燕、陈楚瑶，她们帮助案例集完成了大量的校对工作。

我们知道这部文集依旧是稚嫩的，所以邀请了行业内的专家、学者，秉持专业精神，站在更高的视野、更广阔的视角以及运用深厚的文字功底，给予了案例集宝贵的审阅意见，帮助其更加完善，以期给予读者更多的启发。期间刘湘教授、朱晓勤教授、林燕梅教授、祝文贺律师、葛枫律师、刘金梅律师、吴安心律师也在繁忙的工作和生活中，抽出了宝贵的时间为案例集做了修正和指导，并为每个案例写下了评语，让我十分感激。这本案例集也昭示了大家对于环境保护公益事业的热爱和情怀，让我感受到了社会组织极强的号召力，以及在这个行业里的老师、伙伴们无私的奉献精神。

在案例集形成初稿之际，我找到了王灿发教授、邹雄教授、李楯教授和张伯驹老师，希望他们能为这本带着炽热初心的案例集写下宝贵的序言，署上期待和祝福，他们也及时应允。王灿发教授一直在见证、支持着绿家园多年来开展的绿色司法推动工作，连续5年亲自参加"生态环境共治研讨会"，绿家园顺利提起的16起环境公益诉讼中，他都给予了重要的支持意见。而这些会议研讨和诉讼案例对经手案例的法院、检察院、环境职能部门都有着不同程度的影响力，特别是对福建省生态文明试验区建设、推动福建省绿色司法起到了重要作用，乃至在对外交流和沟通过程中，对于其他省份的绿色司法也有着重要启示作用。经常需要出席国家重要会议的王教授非常忙碌，他的序言也是在凌晨发到了我的微信上，字句间都能感受到他的关怀和陪伴。张伯驹老师的家里迎来了新的生命，在忙碌的工作和带宝宝期间完成了全篇的阅读并为案例集作序实属不易。邹雄教授、李楯教授也在工作无比繁忙之际分别为案例集撰写了序言和令人省思、鼓舞的题记。他们都是我在环境保护领域的重要启蒙人，我心中怀着无限的敬意，再次致谢前辈们！

最后还要非常感谢案例集的两个重要支持方，正荣公益基金会和生态践行者项目。正荣公益基金会的卢里纯老师前后帮助我联络了多个设计方和出版商，为案例集的传播工作提供了重要的支持。我们期待能把大量的文字以合适的方式呈现出来，让大家获得舒适的阅读体验，非常感谢公益大爆炸的设计师coco帮助我们达成了这样的期待，而此刻她也在武汉和我们并肩作战！生态践行者项目提供了部分资金支持用于推动后续的出版和印刷工作，让这本案例集能被更多的读者看到，在此也表示衷心的感谢！

过去的四年实践工作，我们感受到越来越多的人开始关注诉讼在环境保护中的作用，越来越多的学者需要鲜活的案例支撑绿色司法的研究，而这些都离不开实践者的记录和努力发声。我们需要更多人帮助环境保护公益组织，去记录在中国环境保护的发展历程中正在发生的改变，去书写这份独特的价值。绿家园林英主任为案例集取名"时代责任"，是寄希望于能有更多社会组织以及不同主体在这个新时代勇担责任，去响应国家对"生态命运共同体"的号召，去回应人民对"美好生活的向往"的期待，共同推动中国的绿色法治建设。希望这本大家共同努力成就的案例集，会是一次有价值的输出。

邓佳瑜

2020年2月14日